पांच एब्सर्ड उपन्यास

नरेन्द्र कोहली

डायमंड बुक्स

www.diamondbooks.in

प्रकाशक : **डायमंड पॉकेट बुक्स (प्रा.) लि.**
X-30 ओखला इंडस्ट्रियल एरिया, फेज-II
नई दिल्ली-110020
फोन : 011-40712200
ई-मेल : wecare@diamondbooks.in
वेबसाइट : www.diamondbooks.in
संस्करण : 2026
मुद्रक : रेप्रो (इंडिया)

Five Absurd Upanyas
By : Narendra Kohli

अपने अनुज
रवीन्द्र कोहली को
सस्नेह

तेईस वर्ष बाद

'पांच एब्सर्ड उपन्यास' का पहला संस्करण दिसंबर 1971 में तैयार हो गया था। उसके पश्चात् दो-एक संस्करण और भी हुए। इधर वर्षों से यह पुस्तक अप्राप्त थी। मुझे प्रसन्नता है कि प्रायः तेइस वर्षों के पश्चात् यह अपने नए रूप में, प्रकाशित होकर, पाठकों के सम्मुख आ रही है।

आचार्य हजारीप्रसाद द्विवेदी ने अपने एक पत्र में मुझे 'एब्सर्ड' शब्द के पर्याय के रूप में 'अवश्रद्ध' शब्द सुझाया था, जो ध्वनि और अर्थ दोनों ही दृष्टियों से 'एब्सर्ड' से बहुत निकट का शब्द है......और फिर हमारा अपना शब्द है। यह शब्द मुझे बहुत भाया। इच्छा हुई कि पुस्तक का शीर्षक बदल दूं।....किंतु प्रचलन का अपना बल होता है। जो नाम प्रचलित हो गया, वह हो गया। पुस्तक फिर पुराने नाम से ही जा रही है; किंतु द्विवेदी जी का स्मरण किए बिना नहीं रहा जाता।

इन तेईस वर्षों में व्यंग्य ने एक लंबी यात्रा तय कर ली है। मुझसे वरिष्ठ तथा मेरे समकालीन व्यंग्यकारों की अनेक नई रचनाएं तो आई ही है; अनेक नए व्यंग्यकारों ने भी हिंदी-व्यंग्य को समृद्ध किया है। मुझे प्रसन्नता है कि हिंदी में व्यंग्यकारों के नामें की संख्या, तीन या चार तक ही सीमित नहीं रह गई है। राधाकृष्ण, परसाई, शरद जोशी, रवीन्द्रनाथ त्यागी तथा श्रीलाल शुक्ल के साथ अब लक्ष्मीकांत वैष्णव, प्रेम जनमेजय, सुरेश कांत, ज्ञान चतुर्वेदी, अंजनी चौहान, राजेश कुमार, सूर्यबाला, कृष्ण चराटे, लतीफ घोंघी, शंकर पुणतांबेकर, सुदर्शन मजीठिया, ईश्वर शर्मा, हरि जोशी, मनोहर श्याम जोशी, सुभाष अखिल, सी. भास्कर राव, नरेन्द्र मौर्य, गोपाल चतुर्वेदी, प्रदीप पंत, के.पी. सक्सेना, अजातशत्रु, अवतार सिंह, श्रीराम आयंगार, दामोदर दत्त दीक्षित, मधुसूदन पाटिल, विनोद शंकर शुक्ल, राजेन्द्र राव, महेशचंद्र, महेश दत्त शर्मा, विजय त्रिपाठी, नवीनचंद्र लोनी, सत्यप्रकाश अग्रवाल 'उमंग', विनोद साव, महेन्द्र वाशिष्ठ, धनराज चौधरी, अश्विनी कुमार दुबे, स्नेहलता पाठक, त्रिभुवन पांडेय, शिवानक कामड़े, कस्तूरी दिनेश, प्रकाश पुरोहित, विजय कृष्ण ठाकुर, हरीश नवल... कितने ही नाम जुड़ गए हैं, और लगातार जुड़ते चले

जा रहे हैं। यह कोई प्रामाणिक सूची नहीं है, केवल इस बात का संकेत है कि व्यंग्य, असंख्य युवा लेखकों को अपनी ओर आकृष्ट कर रहा है, ताकि वे अंधकार और भ्रष्टाचार से लड़े और प्रकाश की खोज में आगे बढ़ें। अब आवश्यकता इस बात की है कि हिंदी के समर्थ आलोचक और साहित्य-मर्मज्ञ इन नई प्रतिभाओं को पहचानें और उनका उचित सम्मान करें। इस प्रकार के आलोचक कर्म के लिए मैं डॉ. बालेन्दु शेखर तिवारी तथा श्याम सुंदर घोष के प्रयत्नों का पर्याप्त प्रशंसक हूं।

अनेक लोगों ने मुझसे पूछा है कि मैं उपन्यासों के साथ-साथ व्यंग्य-लेखन तो आज तक कर रहा हूं; किंतु मैंने पांचवें के बाद छठा एब्सर्ड उपन्यास क्यों नहीं लिखा?.....जिज्ञासा उचित ही है। किंतु क्या करता : रचना तो अपना शिल्प स्वयं ढूंढ़ती है, जैसे आत्मा अपनी इच्छानुसार शरीर का वरण करती है। पुनरावृत्ति के लिए पुनरावृत्ति, मौलिकता को नष्ट करती है। मैं लेखक द्वारा अपने शिल्प का अनुकरण भी उचित नहीं समझता। इसीलिए 'पांच एब्सर्ड उपन्यास', 'आश्रितों का विद्रोह', 'शंबूक की हत्या' तथा अन्य संकलनों में सामग्री के अनुसार ही शिल्प चुना गया है।

175, बैशाली, दिल्ली-110043
कार्तिक शुक्ल 7, वि. 2051

नरेन्द्र कोहली
9.11.1994

आत्मकथ्य

'अस्पताल' की रचना बड़ी ही पीड़ित मन:स्थिति में हुई है : अब सोचता हूं तो लगता है कि जब तक सह सकता था सहा, पर सह न सका तो मैं व्यंग्य करने पर उतर आया। पीड़ा ने तो मुझे अपने से कुछ बड़ा कर दिया था और ऐसी आंख दी थी जिसने उस सारे वातावरण को एक कार्टून की दृष्टि से देखा था। और यह सब शायद इसीलिए हुआ था ताकि मैं अपना मानसिक संतुलन स्थिर रखकर जी सकूं.....

24 दिसंबर, 1967 की कड़ाकेदार सर्दियों कीरात में दिल्ली के 'आल इंडिया इंस्टिट्यूट ऑफ़ मेडिकल साइंसेज' के चिल्ड्रेन वार्ड के एक कमरे में मैं और मेरी पत्नी दो मेजों के बीच बैठे हुए थे। एक मेज की ओर हमारे चेहरे थे। हमारी आंखें उस पर टिकी हुई थीं, और हमारे प्राण हमारी आंखों में समाए हुए थे। उस मेज पर हमारे जुड़वां बच्चों में से एक–कार्त्तिकेय, मृत्यु के विरुद्ध संघर्ष कर रहा था। वह बुरी तरह डायरिया से पीड़ित था और उसके शरीर का सारा पानी प्राय: निकल चुका था। चौबीस दिन के नन्हे बच्चे के शरीर के अंग-अंग को सुइयों से भेदा जा चुका था और शिरा (टमपद) न मिलने के कारण उसकी नाक में नली लगाकर ग्लूकोस उसके शरीर में पहुंचाया जा रहा था। और हम–पति-पत्नी–अपनी आंखों के माध्यम से उसके शरीर का एक-एक स्पंदन चुग रहे थे, उसकी एक-एक सांस गिन रहे थे....

हमारी पिछली मेज पर (जिसकी ओर पीठ किए हम दोनों ही उसे भूलने की कोशिश कर रहे थे) कात्तिकेय की जुड़वां बहन–जिसे मैंने मरणोपरांत 'सुरभि' नाम दिया था–मृत पड़ी थी। उसकी मृत्यु अभी-अभी डिहाइड्रेशन से हो गई थी। डाक्टरों को उसकी शिरा (टमपद) नहीं मिली थी और उसकी खोज में उन्होंने चौबीस दिनों की उस बच्ची के दुर्बल शरीर को जगह-जगह से चीर दिया था, जिन पर अब पट्टियां बंधी हुई थीं।

हम दोनों में से रो कोई नहीं रहा था। रोने का अवकाश नहीं था–हमें अपने जीवित बच्चे के प्राणों की चिंता थी।

ऐसे समय में अस्पताल के अधिकारियों की ओर से यह कहा गया था कि मैं बच्चे के पास केवल उसकी मां को रहने दूं और स्वयं बाहर चला जाऊं। मुझे लगा था कि यह उचित है। पर मां को मैं उसके जीवित बच्चे के साथ तो अकेली छोड़ सकता था, मृत बच्चे के साथ नहीं। मैंने बड़े विनीत–लगभग रोते हुए–स्वर में उस अधिकारी से कहा था कि मैं चाहता हूं, मृत बच्ची के शरीर को वहां से हटा लिया जाए ताकि मां को जीवित बच्चे के साथ अकेली छोड़ा जा सके। पर इतनी सर्दी में रात के इस समय मैं बच्ची के शरीर को अंतिम क्रिया के लिए ले नहीं जा सकूंगा। फिर, जीवित बच्चा अभी मृत्यु के पंजे में पड़ा है, अत: उसे छोड़कर मृत बच्ची की ओर ध्यान देने का मुझे अवकाश नहीं है। क्या वे लोग कृपा करके मृत बच्ची के शरीर को सुबह तक शवशाला (मार्चरी) में रख लेंगे?

तब मुझे एक नर्स ने कहा था, ''हम इसे मार्चरी में रख लेंगे। आप चिंता न करें, मार्चरी एयर-कंडीशंड है और उसमें आप बच्ची को एक हफ्ते के लिए भी छोड़ देंगे तो भी उसे कुछ नहीं होगा। वह आपको वैसी की वैसी ही मिलेगी।''

मैं समझ नहीं सका कि वह स्नेहमयी, वात्सल्य की भंडार और सहानुभूति की मूर्ति नर्स मेरी मृत बच्ची के शरीर की बात कर रही थी या कोई गृहिणी किन्हीं सब्जियों को फ्रि में रखने की बात कह रही थी.....

और फिर एक के बाद एक ऐसे ही झकझोरने वाले अनुभव। मैं रोता भी था और हंसता भी था। उस मन:स्थिति में कोई मुझसे बच्चे का हाल पूछता तो मैं कहता–''दो बच्चे थे। एक लड़का, एक लड़की! लड़की 24 दिसंबर को मर गई। लड़का शायद आज चल बसे।''

लड़के की हालत कुछ सुधरी तो उसे हम घर ले आए। अस्पताल से निकलकर मुझे उसके विषय में सोचने का अवकाश मिला। अस्पताल के वे विभिन्न दृश्य पिशाचों के समान मुझे नोचने लगे। मेरी नसें चटखने लगीं और मेरा सिर भन्नाने लगा। तब मैंने उन पिशाचों से मुक्ति पाने के लिए 'अस्पताल' की रचना की थी....

ऊर की ये पंक्तियां एक पत्रिका के लिए मैंने आत्मकथ्य के रूप में लिखी थीं, जो पत्रिका के प्रकाशन के स्थगित हो जाने के कारण प्रकाशित न हो सकीं। आज सोचता हूं तो लगता है, एक 'अस्पताल' ही क्या, ये पांचों रचनाएं उसी पीड़ित मन:स्थिति में लिखी गई थीं। संदर्भ चाहे अलग थे, किंतु परिस्थितियों की एब्सर्डिटी

सब जगह समान थी, अत: उन्हें एक ही विद्या में अभिव्यक्त होना पड़ा। यही कारण है कि यदि इन पांचों रचनाओं के विषय में 'आत्मकथ्य' लिखने बैठूंगा, तो शायद 'अस्पताल' के विषय में लिखी हुई बातों को ही बार-बार दोहराऊंगा....

इन पांचों एब्सर्ड उपन्यासों में से 'अस्पताल' तथा 'दि लाइफ', धर्मयुग' में, 'मुहल्ला', 'नई कहानियां' में तथा 'दि कॉलेज' (संपादक द्वारा) काफी संशोधित रूप में 'साप्ताहिक हिंदुस्तान' में प्रकाशित हुए थे। 'शफा देने वाले' अभी तक अप्रकाशित ही है। जब ये रचनाएं 'एब्सर्ड उपन्यास' विधा के नाम से प्रकाशित हुई थीं, तो कुछ लोगों ने मुझसे यह जानना चाहा था कि आखिर अपनी इन रचनाओं को मैंने 'एब्सर्ड उपन्यास' का नाम क्यों दिया है? या एब्सर्ड उपन्यास क्या होता है?

पर जिन जिज्ञासुओं के साथ-साथ मेरे कुछ ऐसे बंधु भी थे, जिन्होंने पाश्चात्य साहित्य (आवश्यकता से अधिक) पढ़ रखा था। उन बंधुओं ने मुझसे कुछ पूछने के स्थान पर मुझे बताया कि पश्चिम में 'एब्सर्ड' शब्द एक विशिष्ट, पारिभाषिक शब्द है और उसके पीछे एक विशिष्ट दर्शन है। उन्होंने जो दूसरी सूचना मुझे दी, वह यह है कि 'हिन्दीवाले' जानते-समझते तो कुछ हैं नहीं, उठाकर नाम रख देते हैं।

मैंने उनकी सूचना तथा हिन्दीवालों संबंधी धारणा को चुपचाप स्वीकार कर लिया है। मैं यह स्वीकार करता हूं कि पश्चिम के 'एब्सर्ड' दर्शन से मेरी इन रचनाओं को कुछ लेना-देना नहीं है। यदि पश्चिम के लोग नए दर्शन, नई धाराओं, नई विधाओं का सृजन करने के लिए स्वतंत्र हैं तो हमारे लिए भी यह आवश्यकता नहीं है कि हम उनका साहित्य पढ़कर ही अपनी नई विधाओं का निर्माण करें। पश्चिम का या कहीं का भी साहित्य पढ़ना अच्छी बात है, प्रत्येक जागरूक साहित्यकार विश्वभर के साहित्य से अपना परिचय बढ़ाना चाहता है, किंतु अपने जीवन को अपने साहित्य में चित्रित करने के लिए पश्चिमी साहित्य की अनुमति लेना मैं अनिवार्य नहीं समझता।

इन एब्सर्ड उपन्यासों में जो जीवन चित्रित है वह हमारा, आपका, हमारे आसपास का जीवन है। वह हमारा जाना-पहचाना अवश्य है, किंतु अपनी तर्कहीनता के कारण अपनी किसी परिचित विधा में उसका चित्रण मेरे लिए संभव नहीं हो पाया। मुझे लगता है कि तथ्य को उसके अनुरूप शिल्प न मिले तो कथ्य भी पूरी तरह अभिव्यक्त नहीं हो पाता। यही कारण है कि परिचित तमाम विधाओं में छोड़कर मुझे नई विधा का निर्माण करना पड़ा है। अपने कथ्य के अनुरूप मुझे यह शिल्प, यही विधा मिल सकी—अत: मैंने यह देखने का प्रयत्न नहीं किया कि पश्चिमवालों

ने इस विधा का प्रयोग पहले किया है या नहीं।

विस्तार में ये रचनाएं कहानी से अधिक लंबी नहीं है—किंतु गठन में, चित्रण की समग्रता के कारण वे उपन्यास हैं। मैं उन्हें उपन्यास ही मानता हूं, और यही माने जाने का आग्रह करता हूं। किंतु, ये परंपरागत उपन्यास नहीं है—अपने अध्यायों के आकार तथा शिल्प एवं शैली के कारण वे परंपरागत उपन्यास नहीं बन पाए। उनके कथ्य की एब्सर्डिटी को उभारने के लिए एब्सर्ड अप्रस्तुत विधान का सहारा लिया गया है। अत: मैंने उन्हें 'एब्सर्ड उपन्यास' का नाम दिया है। आशा है, यह नाम स्वीकार्य होगा।

नरेन्द्र कोहली

1.12.1971

अनुक्रम

दि कॉलेज	13
अस्पताल	28
दि लाइफ	43
शफा देने वाले	55
मुहल्ला	71

दि कॉलेज

एक

भारत की राजधानी दिल्ली। इसी दिल्ली का एक कॉलेज। कॉलेज काफी बिखरा-बिखरा है। लड़के-लड़कियों के बहुत सारे दल इधर-उधर फैले हुए हैं। पतलूनें कसी हुई और चपटी हैं। कमीजों के तीन-चार बटन खुले हुए हैं। भीतर से गंदी-गंधाती बनियान नजर आती हैं। आस्तीनें रूई की बत्ती के समान लपेटी हुई हैं और सींकों जैसी बांहें नजर आ रही हैं। किसी के भी हाथ में कोई कॉपी-किताब नहीं है किसी-किसी ने दो चार कागज और एक-आध किताब मोड़ तरोड़कर अपनी जेबों में ठूंसी हुई है या हाथ में डायरी जैसी कोई चीज पकड़ रखी है।

लड़कियों ने चुस्त कमीजें और सलवारें पहन रखी हैं या फिर साड़ियां हैं, जो शरीर को बहुत आकर्षक रूप में प्रस्तुत कर रही हैं। शक्लों पर मनहूसियत है और सिरों पर ऊंचे-ऊंचे रूखे बाल। हाथों में बड़े-बड़े पर्स हैं। उन पर्सों के भीतर की बात इस उपन्यास का लेखक नहीं जानता (या उनके विषय में लिखना नहीं चाहता)।

ये अमीर और पढ़े-लिखे, सभ्य-सुसंस्कृत पेरैंटस के बच्चे हैं।

एक और दल भी है। इस दल में लड़के भी हैं और लड़कियां भी। उनके कपड़े ढीले-ढाले हैं और शैबी हैं। बालों में सरसों का तेल लगा हुआ है और काफी चपटी कंघी की हुई है। लड़कियों ने कसी हुई कुरूप चोटियां कर रखी हैं। इन लोगों के हाथों में बहुत सारी पुस्तकें हैं। ये लोग कॉलेज की लायब्रेरी में बैठते हैं। सबसे डरते हैं। किसी से मन की बात नहीं कहते। न ऊंचा बोलते हैं, न

ऊंचा हंसते हैं। ये कॉलेज के बैकवर्ड लोग हैं। एकदम डल और भौंदू समझे जाते हैं। इनसे कोई बात करना भी पसन्द नहीं करता। ये लोग ऐसे मूर्ख हैं, केवल पढ़ने के लिए ही कॉलेज आते हैं।

ये गरीब और अनपढ़ माता-पिताओं के बच्चे हैं।

दो

कॉलेज का एक दूसरा अंग उसकी बिल्डिंग है। बहुत लम्बी-चौड़ी बिल्डिंग है। सारी खिड़कियों के शीशे टूटे हुए हैं। ये पिछले विद्यार्थी जागरण के चिन्ह हैं। इस कॉलेज के एक प्रोफेसर ने एक लड़के से कहा था और लड़के ने दूसरे कॉलेज में पढ़ने वाले अपने एक दोस्त लड़के से कहा था, "माई डियर यार! सारा स्टूडेंट-अनरेस्ट साला तुम्हारे कॉलेज तक ही आकर रुक गया। हमारे हिस्से में कुछ नहीं पड़ा। नो, पापे! दिस इज नॉट गुड। कुछ अनरेस्ट हमारे कॉलेज में भी भेजो। वी विल मदद यू!"

दूसरे दिन, दूसरे कॉलेज के पांच-सात लड़के और बाकी न पढ़ने वाले उन लड़कों के दोस्त लड़के-कुल मिलाकर चालीस-पचास लड़के आए थे। उन्होंने पत्थर मार-मार कर खिड़कियों के सारे शीशे तोड़ दिए थे।

इस कॉलेज के उसी प्रोफेसर ने पुलिस को टेलीफोन किया था। उसी लड़के ने अपने कॉलेज के लड़कों की ओर से पथराव का विरोध किया था। पुलिस आई थी। लड़के और उन लड़कों के दोस्त लड़के भागकर पुलिस के पास गए थे कि बाहर के लड़के आकर उनको पत्थर मार रहे हैं। पथराव रुक गया था। पुलिस चली गई थी- और इस कॉलेज में भी स्टूडेंट्स-जागृति और छात्र-अनरेस्ट आ गया था।

बिल्डिंग के कमरों के भीतर डेस्क और कुर्सियां एक-दूसरे के ऊपर पड़ी हैं, जिसका मतलब है कि थोड़ी देर पहले कुछ लड़के यहां बैठे हुए थे। जब वे आपस में मिलकर बैठते हैं तो धींगा-मस्ती जरूर करते हैं। एक-दूसरे को कुर्सियां और डेस्क फेंककर जरूर मारते हैं। न भी मारें तो फर्नीचर की उठा-पटक तो करते ही हैं। एक्टिव और स्मार्ट स्टूडेंट्स किसी कमरे को ठीक-ठाक नहीं रहने देते।

बिल्डिंग की दीवारों पर चाक और पेंसिलों से और कहीं-कहीं कोयले से भी ढेर सारी चित्रकारी की गई है। इससे दीवारें अजन्ता और एलोरा की गुफाओं के समान चित्रमयी हो गई हैं। अधिकांश स्थानों पर परिवार-नियोजन से सम्बद्ध बहुत सारी बातें लिखी गई हैं। सरकार का काम है, अतः जनता भी करती है। इस देश का युवक वर्ग अब अपना कर्त्तव्य समझने लगा है। युवक वर्ग जाग्रत है।

तीन

उस बिल्डिंग के एक कोने में एक बड़ा-सा कमरा है। उसके दरवाजों पर बड़ी-सी चिक लटक रही है और उस चिक से छनकर बहुत-सा शोर बाहर आ रहा है, जो बरामदों में तैरता हुआ सारी बिल्डिंग में फैल जाता है।

चिक के भीतर शोर और भी ज्यादा है। यहां कोई किसी को शोर मचाने से नहीं रोकता। यहां सच्चा स्वराज्य है। यहां वे लोग बसते हैं, जो केवल बोलते हैं, सुनते नहीं हैं। यह स्टाफ-रूम है।

खिड़कियों के कपड़े वर्षों बाद धुलने गए हैं, अतः वर्षों बाद लौटेंगे। इसीलिए बाहर से कभी भी कोई चिड़िया या कौवा आकर खिड़की की सलाखों पर बैठ जाता है।

इस समय खिड़की की उन्हीं सलाखों में से एक पर बैठा हुआ एक कौवा बकवास कर रहा है।

और साथ-साथ स्टाफ-रूम में कुर्सियों पर बैठे, सूट-बूट वाले लोग बकवास कर रहे हैं।

''स्टूडेंट्स में इनडिसिप्लिन बहुत बढ़ रहा है।''

''देश में गरीबी बहुत बढ़ रही है।''

''गरीबी नहीं, महंगाई बढ़ रही है।''

''आपका दिमाग खराब है।''

''दिमाग खराब होगा आपका! हम सही बात कह रहे हैं, क्योंकि डालडा खाते हैं।''

''एक्सेलसियर पर 'यहूदी की बेटी' लगी हुई है।''

''कल साला सब्जी वाला सड़े हुए टिंडे दे गया।''

''कांग्रेस के राज में सड़े टिंडे नहीं बिकेंगे तो और क्या बिकेगा!''

''महाशय! पांच सौ श्लोक याद हैं मुझे''

''आपकी क्या बात है। आप तो डिक्शनरी हैं, जनाब!''

''इन्हें उठवाकर पुस्तकालय में रखवा दो।''

''सुरैया ज्यादा अच्छा गाती है लता से''

''बकवास बन्द करो।''

और कौवा बकवास बन्द करके उड़ गया।

चार

कॉलेज के समीपी बस-स्टैंड पर एक लड़का और एक लड़की खड़े हैं। वे दोनों आपस में प्रेम करते हैं और पिछले ढाई वर्षों से करते आ रहे हैं- भविष्य की बात स्टूडेंट्स यूनियन जाने। लड़का बहुत सीरियस है अपने इस प्रेम में। पहले वर्ष इसी प्रेम के कारण उसकी अटैनडेंस शॉर्ट हो गई थी। दूसरे वर्ष प्रेम की अथाह गहराइयों में डूबे रहने के कारण वह पढ़ाई में गोता खा गया था और अब तीसरे वर्ष भी वह प्रथम वर्ष का ही होनहार विद्यार्थी है। कोई उसकी पढ़ाई के विषय में पूछे तो बताता है, ''थर्ड इयर इन फर्स्ट इयर। अण्डरस्टैंड?''

लड़की बेवफा है। प्रेम में बहुत नॉन सीरियस है। पहले वर्ष भी पास हो गई थी, दूसरे वर्ष भी। अब वह बी० ए० के अन्तिम वर्ष में थी। लड़का उससे नाराज है। लड़की को नाराजगी की कोई चिन्ता नहीं है। वैसे भी अब इस कॉलेज में उसके तीन महीने शेष हैं। इतने समय तक तो वह बिना प्रेम के भी जीवित रह सकती है। एम० ए० में जाकर वह किसी और से प्रेम कर लेगी। एक ही दुकान से सदा माल खरीदने वाला ठगा जाता है और एक ही व्यक्ति से सदा प्रेम करने वाला बोर हो जाता है।

''कल तुम मेरे लिए रुकी क्यों नहीं?'' लड़का नाराजगी से पूछता है।

''मेरी छुट्टी हो गई थी तो तुम क्यों नहीं आए?'' लड़की उससे भी ज्यादा तुनककर कहती है, ''डिसओबिडियेंस। इनसबार्डिनेशन!''

"तब तो मेरी क्लास हो रही थी न।" लड़का पिघलकर गन्दे फुटपाथ पर बह जाता है, "मेरी अटैनडेंस इस साल भी शॉर्ट है न।"

"अटैनडेंस ज्यादा जरूरी है या मैं?" लड़की उसे अदा से देखती है। शायद दोनों इकॉनोमिक्स पढ़ते हैं।

-और लड़का शहीद हो जाता है। उसके खून के परनाले बहने लगते हैं।

बगल से बस गुजरती है-उड़-उड़कर कहेगी खाक सनम.....

"तुम मेरा इन्तजार कर लेतीं।" लड़के के खून के परनाले में से आवाज आती है।

"मैं बसों की इन्तजार में इतनी थक चुकी हूं," लड़की की वाणी में देश का भविष्य बोलता है, "कि मैं और किसी का इन्तजार नहीं कर सकती।"

लड़की बस में बैठ जाती है। लड़का फुटपाथ पर बिकते धूल और मसाले से भरे अमरूद खरीदकर खाने लगता है।

पांच

दो लड़के आते हैं, उसी बस-स्टैंड पर।

फुटपाथ पर बैठे सिगरेट वाले से कहते हैं-"यार! एक-एक बीड़ी दे जरा!"

"मैं बीड़ी नहीं बेचता, साब!" सिगरेट वाला खालिस अंग्रेजी लहजे में कहता है।"

"तो अंग्रेजी बीड़ी दे दे, यार। नाराज क्यों होता है!" एक लड़का कहता है।

सिगरेट वाला बिना कुछ बोले, नथुने फुलाए हुए उन्हें दो सिगरटें दे देता है।

एक लड़का सिगरेट जलाता है!

दूसरा कहता है, "अबे! वह वर्मा आ रहा है पीछे।"

"आने दे।" पहला धुआं उड़ाकर कहता है, हम कॉलिज से बाहर हैं और फिर वर्मा इस साल मेरी कोई क्लास नहीं लेता। साला

पिछले साल लेता भी था तो मैं उसकी क्लास अटैण्ड नहीं करता था।''

''पर उसके साथ जमूरिया है। वह मेरी क्लास लेता है।'' दूसरा भी सिगरेट सुलगा लेता है, ''कोई बात नहीं। मैं उधर पीठ किए रहूंगा। जब मैं उसे नहीं देखूंगा तो वह कैसे देखेगा मुझे।''

वर्मा और जमूरिया चुपचाप गुजर जाते हैं।

लड़के स्टैंड के ए॰ टी॰ आई॰ से मजाक करने लगते हैं, ''ताऊ! कोई बस आएगी कि तुम्हारे इस डिब्बे में आग लगा दें?''

''अबे, यह बूथ है।'' ए॰ टी॰ आई॰ कहता है, ''भैंस के कट्टो! इसे डिब्बा कहते हो!''

''नहीं ताऊ! यह तेरा बंगला है, कोठी है, महल है-साला ताजमहल है। इसी में तेरी कब्र बनेगी।'' एक दूसरे से कहता है, ''आ, बे, आ। ताऊ का कफन बनवा लाएं।''

''तुम्हारी मां.....'' ए॰ टी॰ आई॰ की आंखों में वात्सल्य उमड़ आता है।

छह

दूसरे दिन या शायद उसी दिन। कुछ ठीक याद नहीं। प्रो॰ जमूरिया स्टाफ रूम से निकलते हैं।

''गुड आफ्टरनून, सर।'' भीड़ में से एक लड़का कहता है।

''गुड आफ्टरनून!'' प्रो॰ जमूरिया के होठों पर चांदनी खिलती है, दांतों पर केसर चमकता है, आंखों में कीचड़ से सने हुए कमल खिलते हैं, ''क्या कर रहे हो यहां?''

''यूं ही, सर!''

''अच्छा, ए सुनो।'' प्रो॰ जमूरिया उसे कंधे से पकड़कर एक ओर ले जाते हैं, ''प्रिंसीपल तो बहुत नाराज हैं तुम लोगों से। तुम लोग स्ट्राइक क्यों नहीं कर देते? निकाल बाहर करो इसे! क्या फायदा है ऐसे प्रिंसीपल का!''

''हमें तो पता ही नहीं था, सर! हम कल से ही स्ट्राइक कर देंगे।'' लड़का गुस्से में कहता है।

"हां, कर दो।" प्रो॰ जमूरिया के होठों पर किरणें थिरकने लगती हैं, "पापा कैसे हैं तुम्हारे?"

"ठीक हैं, सर!" लड़का कहता है, "आपको याद कर रहे थे।"

"अच्छा।" प्रो॰ जमूरिया प्लाईमाउथ जैसी लम्बी मुस्कान बिखेरते हैं, "उनसे कहो, व्हिस्की की दो-एक बोतलों का इन्तजाम कर दें। आर्मी वालों के लिए क्या मुश्किल है।"

"अच्छा, सर!"

"अच्छा, भई!"

प्रो॰ जमूरियां इठलाते हुए आगे बढ़ जाते हैं। जाते-जाते प्रिंसीपल के कमरे के सामने रुकते हैं। सतर्क नजरों से आसपास देखते हैं, फिर चिक उठाकर प्रिंसीपल के कमरे में घुस जाते हैं।

"सर! कॉलेज में यह सब क्या हो रहा है?"

"क्या हो रहा है?" प्रिंसीपल साहब पूछते हैं।

"सुना है, लड़के स्ट्राइक करने की धमकी दे रहे हैं।" प्रो॰ जमूरिया सूचना देते हैं।

"अच्छा!" प्रिंसिपल साहब, आश्चर्य दिखाते हैं, "मुझे तो कोई इन्फर्मेशन नहीं है।"

"लीजिए!" प्रो॰ जमूरिया ने अपनी मेंढक जैसी आंखें फाड़कर उनमें लगा कीचड़ दिखाते हैं, "आपको कोई बताता नहीं। सारे कॉलेज में हवा उड़ी हुई है। अब यदि स्टाफ ही प्रिंसीपल का साथ न दे तो एडमिनिस्ट्रेशन कैसे चलेगी!"

एडमिनिस्ट्रेशन नहीं चलती, पर प्रो॰ जमूरिया चल पड़ते हैं, "आई थिंक, इसके पीछे वर्मा साहब का हाथ है।"

"अच्छा। " प्रिंसीपल चिंता में डूब जाते हैं।

छह और सात के बीच का अध्याय

एक लड़की कॉलेज के गेट से बाहर निकलने लगती है। दूसरी रोकती है, "कहां चली?"

''घर।'' पहली उत्तर देती है।

''अभी से?'' दूसरी को आश्चर्य होता है।

''थक गई हूं।'' पहली कहती है।

''अच्छा। अभी तो तुमने एक भी पीरियड अटैंड नहीं किया है।''

दूसरी जिरह करती है।

''तुम सबको अपनी तरह मत समझा करो।'' तीसरी भाष्यकार बन जाती है।

''क्यों?'' दूसरी पूछती है।

''भई कॉलेज में रहना इसके लिए बहुत स्ट्रेन का काम है।'' तीसरी समझाती है दूसरी को, पहली के विषय में, ''जब से कॉलेज में आई है, डेढ़ सौ लड़कों को हैलो कर चुकी है। पांच सौ बार इसे मुस्कुराना पड़ा है। बात एक से करती है, देखती दूसरे को है। इस तरह से होंठ भी थकते हैं और आंखें भी। इतने हार्ड वर्क से आदमी बिना पीरियड अटैंड किए ही थक जाता है।''

''अच्छा, जा!'' दूसरी अनुमति दे देती है पहली को। पहली चली जाती है। दूसरी गेट पर खड़े चपरासी को बाहर खड़ी रेहढ़ी से कुल्चे-छोले लाने के लिए भेज देती है। तीसरी चपरासी के स्टूल पर बैठ मुग्धा-सी मुसकुराने लगती है।

सात

''समाचार है कि प्रो॰ खत्री आई॰ ए॰ एस॰ में आ गए हैं।''

प्रो॰ खत्री ने जब से आई॰ ए॰ एस॰ की परीक्षा दी है, तब से स्टाफ के आधे लोगों से बात करनी छोड़ दी है, ''सिली पीपल! कौन बात करे इनसे!'' आज वह बाकी के आधे स्टाफ से भी नहीं बोल रहे हैं। नाऊ ही इज ए फुल फ्लेज्ड आई॰ ए॰ एस॰ ऑफिसर!''

''गधा है साला! लैक्चररशिप छोड़कर सरकार की जूतियां चाटने जा रहा है।''

''अरे, समझदार लोग तो आई॰ ए॰ एस॰ की नौकरी छोड़-छोड़कर आ रहे हैं। सोंधी को....''

''चुप बे जनसंघी!''

''जनसंघी तेरा बाप!''

''अच्छा, चल, तू मेरा बाप!''

एक कोने में इन्टलैक्चुअल लोग बैठे हैं। चेहरों पर श्मशान-भूमि है। हाथों में सिगरेट। एक कुर्सी पर बैठे हैं, दूसरी पर पैर रखे हैं। कोई किसी से बात नहीं करता। बहुत ज्यादा आवाज होने पर उनींदी आंखों से दूसरे को देखकर धुआं उड़ा देते हैं।

अपने साइज से बहुत बड़े कपड़े पहने, ये स्टाफ-रूम के 'स्क्रेअर-क्रो' हैं। इनके पास कोई नहीं फटकता।

दूसरे कमरे में लोग एक-दूसरे को कॉम्पलिमेंट दे रहे हैं।

''तेरे जैसा हरामी भी कोई नहीं देखा।''

''नहीं, गुरु! हम क्या हैं तेरे सामने!''

''साले, खत्री आई॰ ए॰ एस॰ हो गया और तू यहां घास छील रहा है।''

''आई॰ ए॰ एस॰ हमसे कोई बड़ी चीज है क्या!''

''और नहीं कम है।''

''तेरे जैसे थ्रू आउट थर्ड क्लास, जो स्कूल में चूतड़ घिसकर यहां आए हैं-उनके लिए होगी बड़ी चीज। यहां तो फर्स्ट क्लास फर्स्ट हैं यूनिवर्सिटी के। जब परीक्षा में बैठ जाएं।''

''अरे भई चपरासी, इन्चार्ज आफ स्टाफ-रूम! इन्हें ठण्डा पानी पिलाओ।''

आठ

स्मार्ट लड़के और लड़कियों की मीटिंग हो रही है।

''हम स्ट्राइक करेंगें''

''हां, हम स्ट्राइक करेंगे।''

''अत्याचार हम नहीं सह सकते।''

''क्यों सहें हम अत्याचार!''

''नहीं चलेगी लाठी-गोली की सरकार।''

"बात क्या है, भाइयो?" एक भौंदू लड़का पूछता है।

"तुम्हें यह भी नहीं मालूम?"

"नहीं।"

"हमारे पास लेबोरेटरी नहीं है।"

"हमारे पास कैण्टीन नहीं है।"

"इस कॉलेज की बिल्डिंग में कमरे कम हैं।"

"हमें हर हफ्ते पिक्चर नहीं दिखाई जाती।"

"हमें पिकनिक पर नहीं ले जाया जाता।"

"हमें बिना पुस्तकों के क्लास में नहीं आने दिया जाता।"

"हम क्लास में नहीं जाते तो हमें हाजिरी नहीं दी जाती।"

"जो भौंदू पढ़ते हैं, उन्हें पास कर दिया जाता है।"

"हमारी परीक्षाएं क्यों होती हैं?"

"तो क्या करें?" फिर प्रश्न उठता है।"

"स्ट्राइक!"

"स्ट्राइक!!"

"हां। स्ट्राइक।"

"फर्नीचर तोड़ दो। लेबोरेटरी को आग लगा दो। कैंटीन के तम्बू को भी जला दो।" स्मार्ट लड़के-लड़कियों का नेता कहता है।

लोग चले जाते हैं।

नेता अपनी गर्ल-फ्रैंड के साथ पिक्चर देखने चला जाता है।

कॉलेज में स्ट्राइक को जाती है।

नौ

कॉलेज का हाल खचाखच भरा है। आज वाद-विवाद प्रतियोगिता है। विषय है-'भारत को एटम बम नहीं बनाना चाहिए'। भाषण होते हैं:

पहला भाषण

एटम बम नहीं बनाना चाहिए। नहीं बनाना चाहिए। एकदम नहीं बनाना चहिए। मैं कहता हूं, नहीं बनना चाहिए। बल्कि, मैं कहता हूं, नहीं बनाना चाहिए.....

तालियां.....तालियां.....तालियां.......

दूसरा भाषण

एटम बम नहीं बनाना चाहिए, क्योंकि बच्चे उसके धमाके से डर जाते हैं। और हमें अपने बच्चे बहुत प्यारे हैं। बच्चे देश का भविष्य हैं। बच्चे आंखों का नूर हैं। बच्चे दिल का सरूर हैं। बच्चे. ....

तालियां.....तालियां.....तालियां.......

तीसरा भाषण

एटम बम नहीं बनाना चाहिए। क्योंकि दीपावली के अवसर पर जब एटम बम बनता है तो बच्चे एटम बम ही खरीदते हैं और मेरे पड़ोसी का व्यापार फेल हो जाता है, क्योंकि वह केवल फुलझड़ियां बनता है। मुझे अपने पड़ोसी से प्यार है। ईसा मसीह ने कहा था, 'अपने पड़ोसियों से सदा प्यार करो...'

तालियां.....तालियां.....तालियां.......

जजों का निर्णय- एक को प्रथम पुरस्कार, एक को द्वितीय पुरस्क़ार और एक को तृतीय पुरस्कार। जिसे जो चाहें, दे दें।

दस

भौंदू लड़के-लड़कियों का दल बहुत परेशान है। परीक्षा सिर पर आ गई है। उनकी तैयारी पूरी नहीं है। उन्हें अध्यापकों ने इतना अधिक पढ़ाया है, इतनी सारी किताबें हैं पुस्तकालय में, वे सवेरे से शाम तक लगे रहते हैं, तब भी उनके नोट्स पूरे नहीं हुए हैं। वे परीक्षा कैसे देंगे। अभी वे अपना कोर्स ही कवर नहीं कर पाए हैं।

स्मार्ट लड़के-लड़कियां बहुत प्रसन्न हैं। न कभी उन्होंने

क्लास अटैंड की, न नोट्स लिए। मन को यह समझा दिया कि लायब्रेरी में कोई पुस्तक ही नहीं है। वे पढ़ाई से बहुत थक गए हैं, इसलिए आज पिकनिक पर जा रहे हैं।

कॉलेज में वे ऑन डयूटी समझे जाएंगे।

वर्मा साहब परेशान हैं। कॉलेज में इस वर्ष छुट्टियां इतनी अधिक हुई हैं कि एक्सट्रा क्लासें लेकर भी कोर्स पूरा नहीं कर पा रहे हैं। परीक्षा सिर पर है। क्या होगा? विद्यार्थी देश का भविष्य हैं और वह देश के भविष्य का निर्माण कर रहे हैं। उन्हें अपना कर्त्तव्य पूरी निष्ठा से निभाना चाहिए।

प्रो० जमूरिया भी बहुत परेशान हैं। वह क्लासें नहीं लेते, फिर भी ये भौंदू लड़के-लड़कियां ट्यूटोरियल लिख-लिखकर उन्हें दिए जाते हैं और उनकी मार्किंग के लिए उन्हें अपनी पत्नी से लॉटरी निकालने के लिए कहना पड़ता है। उनकी पत्नी उनसे नाराज हो जाती है। विद्यार्थी जाएं भाड़ में! पत्नी का प्रसन्न रहना अधिक आवश्यक है। पत्नी रातों की नींद है, दिन का चैन है। पत्नी खुश हो तो खुदा खुश।

सब ही बहुत परेशान हैं।

ग्यारह

प्रेमी लड़के ने फुटपाथ पर से अमरूद लेकर खाया है। उसके पेट में दर्द हो जाता है। तबीयत बहुत खराब होने पर वह टैक्सी में घर की ओर चल पड़ता है। तीन-चार स्टॉप पार करते ही वह अपनी प्रेमिका की बस को पीछे छोड़ जाता है। बस में खिड़की के साथ लगी बैठी अपनी प्रिया को देखता है। अमरूद हजम हो जाता है। तबीयत ठीक हो जाती है।

अगले स्टॉप पर वह टैक्सी छोड़ देता है और बस की प्रतीक्षा करने लगता है। बस आती है। लड़की लड़के को देखती है। बस से उतर जाती है। उसके साथ एक भौंदू लड़की भी है।

"यहां क्या कर रहे हो?" लड़की पूछती है।

"तुम्हें बताना भूल गया था कि आज के ईवनिंग शो की दो

टिकटें लेकर आया हुआ हूं।''

''चलो फिर चलें।''

लड़के की लाश साथ चलती है और पूछती है, ''इस बीमारी को साथ क्यों लाई हो?''

''इसके नोट्स परीक्षा में मेरी मदद करते हैं।''

तीनों एक टैक्सी में बैठकर 'ओडियन' पहुंचते हैं। भौंदू लड़की के हाथ में एक किताब देकर, उसे पार्क की एक बेंच पर बैठाकर, दोनों हॉल में चले जाते हैं। भौंदू लड़की किताब पढ़कर नोट्स लेती रहती है। लड़का-लड़की पिक्चर देखते रहते हैं।

बारह

बस-स्टैंड वाले दोनों लड़के सिगरेट पीकर बस में जा बैठते हैं। उनके चार और साथी भी आ जाते हैं। बस चलती है तो छहों अपनी सीट छोड़कर गेट पर आ जाते हैं और घंटी बजाकर बस रोक देते हैं।

''क्या है?'' कंडक्टर पूछता है।

''हम गलती से इस बस में आ गए हैं।'' लड़के कहते हैं।

''तो उतर जाओ।''

पहला लड़का उतरता है।

दूसरा लड़का उतरता है।

तीसरा लड़का उतरता है।

चौथा लड़का उतरता है।

पांचवा लड़का उतरता है।

छठा लड़का उतरता है।

''दोजखी साले!'' कंडक्टर घंटी देता है। बस चल पड़ती है।

''रोको-रोको!'' छहों लड़के फेफड़ों का पूरा जोर लगाकर, एक साथ सियारों की तरह चीखते हैं। कंडक्टर घंटी देता है। ब्रेक लगता है। चक्के घिसटकर रुक जाते हैं।

''अब क्या है?'' कंडक्टर झल्लाकर पूछता है।

''गलत बस है तो क्या हुआ। हमने सोचा, इसी में चलेंगे।''

लड़के कहते हैं, ''हमें तुमसे इश्क हो गया है, यार। तुम्हारे बिना कैसे जीएंगे।''

''तो आओ फिर। तुम्हें हनीमून पर ले चलूं।'' कंडक्टर दांत पीसता है।

पहला लड़का चढ़ता है।

दूसरा लड़का चढ़ता है।

तीसरा लड़का चढ़ता है।

चौथा लड़का चढ़ता है।

पांचवा लड़का चढ़ता है।

छठा लड़का चढ़ता है।

कंडक्टर बड़बड़ाता रहता है। लड़के हंसते रहते हैं। उनके साथ-साथ देश का भविष्य हंसता है। हंसने से टूथपेस्ट ज्यादा बिकती है।

बारह और तेरह के बीच का अध्याय

पहली लड़की थकावट के कारण दूसरे दिन भी कॉलेज नहीं जाती है। दूसरी लड़की के लिए कुलचे और छोले लेकर चपरासी लौट आया है। लड़की ने उन्हें खा लिया है और पानी पीकर डकार ले चुकी है। (दि अनरोमैंटिक गर्ल)!

तीसरी लड़की की मुस्कान उसके होठों से चिपककर रह गई है (व्हाट ए बोर)!

तेरह

मीटिंग हुई। सब की। स्मार्ट लड़के-लड़कियों की। भौंदू लड़के-लड़कियों की और अध्यापकों की। मीटिंग में फर्नीचर तोड़ने वाले, लेबोरेटरी में आग लगाने वाले और कैंटीन जलाने वाले लड़कों को माफ कर दिया गया। इन कामों में उनका बहुत समय नष्ट हो गया था और पढ़ने का समय उन्हें एकदम नहीं मिला था, इसलिए उन्हें एक कमरे में अलग बिठाकर परीक्षा में आने वाले प्रश्न लिखा दिए गए। उन प्रश्नों के उत्तर तैयार करने के लिए भौंदू लड़के और लड़कियों के नोट्स उनसे लेकर, इन्हें दे दिए गए।

उनमें से एक-आध लड़की की कमीज आग लगाते हुए झुलस गई थी। उसे नई कमीज खरीदने के लिए कॉलेज से पैसे दिए गए। सहानुभूति में फीस भी माफ कर दी गई। लेबोरेटरी की चीजें टूट चुकी थीं, इसलिए साइंस के सारे विद्यार्थियों को बिना परीक्षा लिए ही पास कर दिया गया। कैंटीन जल गई थी, इसलिए खाना खाने की छुट्टी पंद्रह मिनटों से बढ़ाकर दो घंटा की कर दी गई, ताकि लड़के घर जाकर खाना इत्यादि खाकर, यदि लौटना चाहें तो लौट सकें।

स्ट्राइक करवाने के अपराध में प्रो॰ वर्मा को कॉलेज से निकाल दिया गया।

उपसंहार

प्रो॰ खत्री आई॰ ए॰ एस॰ के इण्टरव्यू में फेल हो गए। आजकल वह सबसे बात करते हैं।

बस-स्टैंड वाले लड़के-लड़की की नाराजगी दूर हो गई है।

बस में बैठने वाले छह लड़के रात को नौ बजे घर पहुंचे।

पहली लड़की की थकावट दूर नहीं हुई।

दूसरी लड़की रोज कुलचे-छोले खाती है। चपरासी से मंगवा तो रोज लेती है, पर उसे कभी चखने के लिए भी नहीं कहती।

तीसरी लड़की अब भी मुस्कुराती रहती है।

भौंदू लड़के-लड़कियां पढ़ते रहे।

स्मार्ट लड़के-लड़कियां पर पिकनिक पर जाकर, फिल्मी गानों के साथ ट्विस्ट करते रहे।

प्रो॰ जमूरिया को स्ट्राइक के विषय में प्रिंसिपल की सहायता करने के लिए हैड ऑफ दि डिपार्टमेंट बना दिया गया।

प्रो॰ वर्मा ने नौकरी के अभाव में कॉलेज के सामने पान-सिगरेट की दुकान खोल ली, साथ ही फिल्मी गानों की पुस्तिकाएं-टीका समेत-भी रख लीं।

कॉलेज फिर उसी ढर्रे पर चलने लगा।

अस्पताल

मेडिकल कॉलेज के अस्पताल के बोर्ड के बाद मैदान ही मैदान है। कहीं वसंत है, कहीं उजाड़। उन मैदानों-उद्यानों के बीच अस्पताल की बिल्डिंग एक ओर इस प्रकार पड़ी है, जैसे लिखने की बड़ी, दोहरे दराजों वाली मेज के नीचे कहीं ढांक-कर रद्दी की टोकरी रख दी गई हो। वैसे, बिल्डिंग अपने में डरी-सहमी, साफ-सुथरी और सुन्दर है। बिल्डिंग के बीचों-बीच, गेट पर एक गंदा सा चौकीदार बहुत ही चमकदार ड्राइंगरूम की सेंटर टेबल पर पड़े पोछे के गंदे कपड़े का आभास देता है।

गेट के सामने एक टैक्सी, मकड़े के जाल में फंसी मक्खी के समान थर्राती है, भर्र...र्र। टैक्सी में से एक साहब और साहबिन निकलते हैं। एक छोटा-सा बच्चा साहब की गोद में है, एक साहिबन की।

वे गेट के भीतर घुसने लगते हैं, तो तेजी से जाती हुई कार के मार्ग में, रेलवे क्रासिंग के फाटक के समान चौकीदार की टांग आ पड़ती है, ''कहां जाना है?''

''चिल्डर्न वार्ड।'' साहब कहता है, ''बच्चे बीमार हैं?''

''पेशेंट को जाने से तो हम नाहीं रोकते। चौकीदार कहता है, ''पर तुमको जाना है तो पास दिखाओ।''

''अजीब आदमी हो!'' साहबिन कहती हैं, ''बच्चे बीमार हैं। उनको अस्पताल में भर्ती कराना है। पास एडमिट कराने से पहले कहां से बनेगा?''

''अच्छा।'' चौकीदार मजमा लगाने वाले बाजीगर के समान खरखराता है।, ''तो कवन सा बचवा बीमार है?''

"दोनों बीमार हैं।" साहब दीन होकर कहते हैं, "देर मत करो, नहीं तो बच्चे मर जाएंगे।"

साहब की आंखों से छत के बरसाती नाले के समान आंसू गिरते हैं। चौकीदार की सरकारी जूती उसमें भीग जाती है। वह ऊदबिलाव का-सा मुंह बनाकर अपने स्टूल पर जा बैठता है।

"भीतर जाना है तो पास बनवाओ।" वह श्रद्धापूर्वक अस्पताल संहिता के मंत्र उच्चरित करता है।

"तो पास बना दो।" साहब अपने आंसुओं का स्विच ऑफ कर देते हैं।

"पास भीतर जाकर बनता है।" चौकीदार झींककर कहता है।

"तो भीतर जाने दो।"

"बिना पास के भीतर नहीं जा सकते।"

और साहब अपना एप्रोच भिड़ाने लगते हैं।

दो

साहब तथा साहबिन अर्थात् बच्चों के बाप और मां भक्ति भाव से काउंटर पर बैठे क्लर्क के सामने खड़े हैं।

"इन बच्चों को एडमिट कराना है।" बच्चों के बाप कहते हैं।

"दूसरे बच्चे के मां-बाप कहां हैं?" क्लर्क बच्चों की मां से पूछता है। वह बच्चों के बाप को देखना भी नहीं चाहता।

"दूसरा बच्चा भी हमारा ही है।" बच्चों का बाप कहता है।

"मजाक मत करिए।" क्लर्क अपच के कारण गंदी जीभ निकालकर कहता है।, "यह भी कोई होलसेल वाली एजेन्सी की बात है।"

वह जोर का डकार लेता है, हरिओम कहता है। दराज से निकालकर चूरन खाता है। चूरन वाली डिबिया दराज रखता है। फिर दराज को बन्द करता है... खटाक्।

"बच्चे जुडवां हैं। बच्चों का बाप लज्जित हो जाता है।

"उम्र क्या है?" क्लर्क तोप दागता है।

''चौबीस दिन।'' बच्चों का बाप झटके से उबरकर बड़ी कठिनाई से कह पाता है।

क्लर्क फार्म तैयार करता है और कहता है, ''दो सौ रुपए एडवांस जमा करवा दीजिए।''

बच्चों के बाप का मुंह ऐसे खुल जाता है, जैसे कठपुतली के जबड़ों के धागों को अनाड़ी हाथों ने छेड़ दिया हो।

क्लर्क अपना पैन, पैन-स्टैंड के बदले बच्चों के बाप के खुले मुंह में रख देता है।

''दुनिया के किसी अस्पताल में ऐसा नहीं होता।'' बच्चों का बाप अपने मुंह से क्लर्क का पैन निकालकर अपनी जेब में रख लेता है।

''यह अस्पताल दुनिया में नहीं, चांद पर है।'' क्लर्क बच्चों की मां की ओर ताकता है।

बच्चों के बाप का मुंह पर फिर महात्मा बुद्ध की करुणा उभरती है, ''साहब! आप मजाक कर रहे हैं और इधर मेरे बच्चे मर रहे हैं। मैं बच्चों को घर से ऐसी बुरी अवस्था में लाया हूं। ऐसे समय में मैं दो सौ रुपए कहां से बटोरता।''

क्लर्क बच्चों के बाप के दुःख से रो पड़ता है। फिर बच्चों का बाप रो पड़ता है। दोनों गले लग जाते हैं। हिचकियां बंध जाती हैं। फिर दोनों चुप होकर थोड़ी देर मुहुज्जत करते हैं:

''चिक चिक।''

''चिक चिक।''

''हू हू।''

''हा हा।''

''शट-अप!''

''मैनर्स प्लीज!''

''लैंग्वेज प्लीज''

''मारूंगा।''

''पीटूंगा।''

''अबे, जा बे जा।''

''तेरी....''

''जब तक पैसे जमा नहीं करवाओगे, इलाज नहीं होगा।'' क्लर्क पागल भैंसे की तरह डकराकर कहता है।

''मेरे बच्चे मर गए तो तुम जेल जाओगे।'' बच्चों का बाप औरतों के समान आंखें भीचकर रोनी सूरत बनाकर, मच्छर की तहर भिनभिनाता है।

''जेल में जाएगा मेडिकल सुपरिटेंडेट।'' कर्ल्क दराज बन्द करता है, जैसे मेडिकल सुपरिटेंडेट को अंदर कर जेल का दरवाजा बंद किया हो।

बच्चों का बाप एप्रोच की खोज में पैर पटकता फट-फट करता निकल जाता है।

''ईडियट साला....।''

तीन

ट्रीटमेंट रूम में दोनों बच्चों को मेज पर लेटा दिया जाता है।

''इनको क्या तकलीफ है?'' डॉक्टर नर्स से पूछता है।

''ये मेरे बच्चे नहीं हैं।'' नर्स डॉक्टर को आंख मारती है।

''इनको डायरिया है।'' बच्चों का बाप कहता है।

''आपसे किसी ने पूछा?'' नर्स की बिल्ली की तरह पंजा झाड़ती है।

डॉक्टर एक बच्चे का सिर टटोलता है। बड़ी देर तक बच्चे का सिर प्यार से सहलाता रहता है और खिड़की से बाहर देखता रहता है।

फिर डॉक्टर धीरे से कहता है, ''लाओ।''

बच्चों का बाप कहता है, ''लाता हूं।''

वह दरवाजे से बाहर निकल जाता है।

बाहर से झांककर वह पूछता है, ''क्या लाऊं?''

''जो डॉक्टर साहब ने मांगा है।'' नर्स कहती है।

''ब्लेड लाओ, बाजार से ब्लेड लाओ।'' डॉक्टर खिड़की से

बाहर देखता हुआ कहता है और बच्चे का सिर सहलाता रहता है।

दोनों बच्चे चीख-चीख कर रोते रहते हैं।

चार

बच्चों का बाप लौटकर देखता है कि अस्पताल के गेट के सामने काफी भीड़ लगी है। वह लोगों की ओर देखता है और फिर भीतर जाने लगता है।

''क्या है? कहां जा रहे हो?'' चौकीदार रास्ते में टांग अड़ा देता है।

''भीतर जाना है।'' बच्चों का बाप कहता है, ''मेरे बच्चे ट्रीटमेंट-रूम में पड़े हैं।''

''अभी ठहरो।'' चौकीदार झपाक से उसे हटा देता है, ''बाकी लोग भी तो खड़े हैं। सबके बच्चे ट्रीटमेंट रूम में ही पड़े हैं। पड़े रहेंगे, उन्हें कोई उठाकर नहीं ले जाएगा।

बच्चों का बाप भीड़ में मिल जाता है।

''क्या बात है?'' वह एक उजबक से पूछता है।

''मिनिस्टर आ रहे हैं।'' उजबक के मुंह से लार टपक पड़ती है।

''तो सालों ने रास्ता बन्द कर दिया है।'' बच्चों का बाप बड़बड़ाता है, ''मेरे बच्चे भीतर मर जाएंगे। अबे भीतर कोई मिनिस्टर को गोली मार सकता है, तो यहां भी मार सकता है।''

''गोली मारने से कौन रोकता है।'' मेडिकल सुपरिटेंडेट सीढ़ियों से अवतरित होकर कहता है, ''हम तो कहते है कि हमारे अस्पताल के भीतर गोली मत मारो।''

पांच

''आप कहां गायब हो गए थे।'' झगड़ालू पत्नी के समान डॉक्टर बच्चों के बाप को डांटता है।

''अस्पताल मे कोई मंत्री आने वाले थे, इसलिए रास्ता बंद था।'' बच्चों का बाप कहता है, ''वे दफा हुए तो मैं भीतर आया।''

''और सैर करो।'' डॉक्टर छिपकली के समान सिर हिलाता है, ''तुम्हारा एक बच्चा मर गया है।''

''एक मर गया।'' बच्चों का बाप हंसता है, ''आधी इन्कम टैक्स कंसेशन गोल, दूसरा कब मार रहे हो, डॉक्टर?''

''दूसरा इतनी जल्दी नहीं मरेगा।'' डॉक्टर कहता है, ''आई एम सॉरी। पहला डिहाइड्रेशन से मरा, उसकी वेन नहीं मिली। तुम ब्लेड जल्दी ले आते, तो हम दूसरे का सिर शेव करके उसके सिर की वेन से फ्लुइड देने का प्रयत्न करते। उसी प्रयत्न से उसके सिर की वेन काटकर मार सकते थे। पर तुमने देर कर दी, तब तक उसकी टांग की वेन मिल गई और वह बच गया। सो सॉरी।''

छह

बच्चों का बाप घर जाने के लिए अस्पताल से बाहर निकलता है।

स्कूटर रिक्शा के स्टैंड पर स्कूटरों की भीड़ है।

''क्यों भाई, किसकी बारी है?'' वह पूछता है।

''बारी की क्या बात है, तुमको जाना कहां है?'' स्कूटर स्टैंड उससे पूछता है। उसकी मूंछें ऐंठी हुई हैं और उसकी जेब से चाकू झांक रहा है।

''डिफेंस कॉलोनी।'' बच्चे के बाप को स्कूटर स्टैंड की जगह चाकू ही नजर आता है।

''ले चलेंगे।'' स्टैंड बच्चे के बाप को उसका कॉलर पकड़कर अपनी करुणा के सागर में गोते देता है, ''एक रुपया अस्सी पैसे लेंगे।''

''नहीं।'' बच्चे का बाप रात के अंधेरे में स्कूटर स्टैंड से लड़ने की मूर्खता करता है, ''मीटर से चलना है तो बात करो।''

वह चलने लगता है।

''अच्छा, चलो। डेढ़ रुपया।'' स्कूटर स्टैंड उसे पुकारता है, ''उससे कम एकदम नहीं।'' स्वर में धमकी है।

''नहीं तो न सही।'' बच्चे की मृत्यु ने उसका मस्तिष्क

असंतुलित कर दिया है।

वह आगे बढ़कर टैक्सी स्टैंड से टैक्सी ले लेता है।

''साला पूंजीपति!'' स्कूटर स्टैंड कहता है, ''गरीब आदमी के पेट पर लात मारकर टैक्सी में चला गया।''

सात

जीवित बच्चा ट्रीटमेंट-रूम में पड़ा है। उसकी टांग में सुई लगी हुई है और पास स्टैंड पर ग्लूकोस की बोतल टंगी हुई है। बूंद-बूंद कर ग्लूकोस बच्चे के भीतर जा रहा है।

बच्चे के मां-बाप बच्चे के दोनों ओर बैठे हैं।

रात भर वे बैठे रहते हैं। पलक तक नहीं झपकते। न एक-दूसरे को प्यार करते हैं।, न बात ही करते हैं-बेवकूफ, बोर साले।

रातभर कोई डॉक्टर या नर्स उनके एकांत में बाधा नहीं डालता-हाउ कंसीडरेट।

बारह बजते हैं।

एक बजता है।

दो बजते हैं।

साढ़े तीन बजते हैं।

''चार बजे इसे दवाई देनी है।'' बच्चे की मां कहती है।

''नर्स आएगी क्या?'' बच्चे का बाप पूछता है।

''पता नहीं।'' बच्चे की मां कहती है, ''इसे दूध कब देंगे वे लोग?''

''नर्स आएगी तो पूछेंगे।''

साढ़े चार बजे बच्चे का बाप नर्स को जगाता है, ''सिस्टर, बच्चे को दवा दे दो।''

''तुम ही दे दो न।'' नर्स कहती है।

''कौन-सी दूं?'' वह पूछता है।

''अलमारी खोलकर, जो शीशी पसंद आए, वह ले जाओ।'' नर्स कहती है।

वह जाने लगता है।

''ठहरो।'' नर्स कहती है, ''जाता कहां है। हम का जगाया, अब सुलाकर जाओ।''

बच्चे का बाप बैठकर नर्स को थपकने लगता है।

आठ

रात-भर भूख से चीखकर सबेरे छह बजे बच्चा निढाल होकर चुप हो जाता है।

''सो गया?'' नर्स आकर पूछती है।

''हां।'' बच्चे की मां के गालों पर आंसू आ जाते हैं-एक ही बच्चे की मृत्यु से घबरा गई पागल!

''इसे दूध कब मिलेगा, सिस्टर?'' वह पूछती है।

''सात बजे डॉक्टर से पूछेगा।'' नर्स कहती है, ''अभी वह सोया है।''

''तो अभी क्या करना है?'' बच्चे की मां नाराज होकर पूछती है।

''अभी थर्मामीटर लगाएगा।'' नर्स कहती है।

''अभी मत लगाओ, सिस्टर।'' बच्चे की मां दीन होकर नर्स की स्कर्ट पकड़ लेती है, ''अभी-अभी सोया है।''

''हमारा कपड़ा छोड़ दो।'' नर्स कहती है, सेफ्टी पिन नहीं लगाया है। थर्मामीटर तुम लगा लो।'' वह मां के मुंह में थर्मामीटर ठूंस देती है और अपने कागज पर लिखती है-टैम्प्रेचर : नॉर्मल।

नौ

रात भर स्टूल पर बैठे-बैठे बच्चे के बाप की कमर थक जाती है। वह टेक लगाने के लिए नजर इधर-उधर दौडाता है। दीवार के पास जाने के वह स्टूल खिसकाता है।

एक आदमी दौड़ा-दौड़ा हांफते हुए गैंडे के समान ट्रीटमेंट-रूम में घुस जाता है।

''तुम मिनिस्टर की आंखें फाड़ोगे क्या?'' वह बच्चे के बाप से पूछता है।

''मैं कोई संसद सदस्य हूं क्या?'' बच्चे का बाप पूछता है।

''तुम खट-खट क्यों कर रहे थे?'' वह आदमी छींककर पूछता है।

बच्चे का बाप अपने रूमाल से मुंह पर से उस आदमी के थूक के छींटे पोंछता है।

''मैंने पहलू बदला था।'' वह कहता है।

''तुम दल चाहे बदल लो, पर पहलू मत बदलो।'' वह आदमी गिरगिट की तरह गर्दन अकड़ाकर कहता है, ''नीचे के कमरे में मिनिस्टर की आंख का ऑप्रेशन हो रहा है। तुम खट-खट करोगे तो उसकी आंख फूट जाएगी।''

''आंख फूटने से वह मर जाएगा क्या?'' बच्चे का बाप स्कूली बच्चों के समान भोली जिज्ञासा करता है।

''नहीं, वह मरेगा नहीं।'' वह आदमी कहता है, ''बड़ा बेशर्म है साला!''

''तो क्या लाभ।'' बच्चे का बाप स्टूल पर यूं तह हो जाता है, जैसे हवा निकल जाने से डनलप का तकिया हो जाता है।

दस

''मैं बाथरूम हो आऊं?'' रात भर का जागा हुआ, बच्चे का बाप ऊंघती हुई बच्चे की मां से कहता है। उसने दोनों हाथों से अपना पेट पकड़ रखा है।

''हो आओ।'' बच्चे की मां कहती है, ''पीछे से अगर बच्चा मर जाए तो क्या करूं?''

''चुपचाप सो जाना।'' बच्चे का बाप कहता है, ''रात-भर की जागी हुई हो, पर मुझे बाथरूम में बता आना, ताकि मैं वहां निश्चिंत होकर बैठ सकूं। जल्दी में मेरा पेट साफ नहीं होता।''

वह जाता है और लौट आता है।

''क्या हुआ?'' बच्चे की मां पूछती है।

"यह चिल्डर्न वार्ड है या फिमेल वार्ड?" बच्चे का बाप कहता है, "सॉरी टट्टियों में खून सने चिथड़े भरे पड़े हैं। खिड़कियों के पीछे, गंदे पैड रखे हुए हैं।"

तुम लौट क्यों आए?" बच्चे की मां पूछती है।

"बाथरूम में पानी नहीं है।" बच्चे का बाप कहता है, "बेसिन में जमादार ने बांस समेत अपना पोचा सजाया हुआ है।

"तो क्या करना है?"

"करना क्या है, जब बीमार पड़ूंगा तो डॉक्टर स्वयं एनिमा दे देगा।"

ग्यारह

सात बजते हैं।

"सिस्टर, तुमने डॉक्टर से दूध के बारे में पूछा?" बच्चे की मां पूछती है।

"हां।" नर्स का सिर बर्मी पंखे की तरह हिलता है, "डॉक्टर बोला दूध दे दो।"

"तो दो फिर।" बच्चे की मां की आंखों के सूखे पर भाखड़ा डैम का पानी छा जाता है।

"हम कहां से दें?" नर्स मक्खी उड़ाने के अंदाज में हाथ झटकती है, "हॉस्पिटल का दूध छह बजे खत्म हो जाता है।

"तो अब क्या होगा?" बच्चे की मां प्रश्नचिन्ह बन जाती है।"

"कल सुबह दूध मिल जाएगा।" नर्स के होठों पर खाद्य-मंत्री की मुसकान ट्विस्ट करती है।

"कल तक बच्चा भूखा मर जाएगा।" बच्चे की मां कहती है।

"तो क्या हुआ? दूध हम तब भी देगा।" नर्स मुसकराती है।

बारह

बड़ा डॉक्टर वार्ड का राउंड लेने आता है।

उसके पीछे-पीछे पंद्रह डॉक्टर चल रहे है। बड़े डॉक्टर की दृष्टि झुकती है, वे फर्श पर बिछ जाते हैं। खिसकती है, वे बह जाते हैं।

''डिफिकल्ट केस।'' बड़ा डॉक्टर कहता है।

''वैरी डिफिकल्ट, सर'' जुलूस कोरस में कहता है।

छोटा-सा ट्रीटमेंट-रूम डॉक्टरों के जूलूस से भर जाता है। वे बच्चे के चारों ओर, गुड़ की भेली पर मक्खियों के समान घिर आते हैं। सांस लेना मुश्किल हो जाता है।

''बच्चे को अटैंड कौन कर रहा है?'' बड़ा डॉक्टर पूछता है।

''हम दोनों।'' बच्चे के मां-बाप कहते हैं, जैसे स्कूली बच्चे गांव के स्कूल में समवेत स्वर में पहाड़े बोलते हैं।

''एक बात मैं आपसे कहूंगा।'' बड़ा डॉक्टर उपदेश देने की मुद्रा में पद्मासन लगाकर बैठ जाता है।

''मेरा अपना बच्चा होता तो भी मैं यही कहता। अधिक आदमी कमरे में ना रहें। बच्चे को इंफैक्शन का डर होता है। आप दोनों में से एक आदमी ही भीतर रहे। एक बाहर चला जाए।''

बच्चों का बाप डॉक्टरों के जुलूस पर दृष्टि डाल उनकी संख्या का अन्दाज लगाता हुआ बाहर चला जाता है।

तेरह

शाम के पांच बजते हैं और बच्चे का बाप अस्पताल के गेट पर पहुंचता है।

''अंदर मत आइए। रुक जाइए।'' मेडिकल सुपरिटेंडेंट हाथ ज़ोड़कर बैल के समान हंसता हुआ उसके सामने खड़ा हो जाता है।

''क्या बात है?'' बच्चे का बाप बच्चे के लिए लाई गई दवाई में से एक घूंट पीकर पूछता है।

''आज पी० एम० आने वाली हैं।'' उत्तर मिलता है।

''कितने बजे?''

''आठ बजे।''

"पर अभी तो पांच बजे हैं।" बच्चे का बाप दवाई की शीशी सुपरिटेंडेंट के हाथ में देकर उसके पैरों में झुक जाता है और उसके बूटों के तस्में खोलने लगता है।

"भाई, तस्में मत लेना, जुराबें चाहे ले जाना। वे अस्पताल से ही मिली हैं।" सुपरिंटेडेट वैसे ही हाथ जोड़कर कहता है।

बच्चे का बाप खड़ा होकर एक सिगरेट सुलगा लेता है। पर सिगरेट समाप्त हो जाती है और प्राइम मिनिस्टर के आने में पौने तीन घंटे शेष हैं।

बच्चे के बाप को सिगरेट की निरर्थकता समझ में आ जाती है। वह पैदल चलकर नांगलोई पहुंचता है। वहां से एक हुक्का खरीदता है। उसे पीता-पीता अस्पताल वापस आता है। गेट पर बैठकर वह और सुपरिटेंडेट हुक्के के कश लेते हैं और पी॰ एम॰ के लिए वेट करते हैं।

चौदह

बच्चे को दवा पिलाने के लिए नर्स आती है।

"चम्मच दो।" वह मुंह उठाकर ऐसे कहती है, जैसे ऊख के खेतों में बनाई बिलों में पानी भर जाने पर, भीगी चुहिया अपनी थूथनी ऊपर उठाकर उसे सुखाने के लिए हिलाती है।

"मैं अपनी रसोई घर पर ही छोड़ आई हूं। बच्चे की मां कहती है।

नर्स बच्चे के दोनों गालों को दबा, दवा की शीशी उसमें उलट देती है।

बच्चा एक बार खूं करता है और दवा सारी-की-सारी उलट देता है- क्रिमिनल। गरीब देश के बच्चे को क्या अधिकार है कि वह दवा नष्ट करे, जो दूसरे देशों से भीख के रूप में उसके देश को दी गई हो।

"ओह सिस्टर!" बच्चे की मां भारत माता के समान सिर ठोक लेती है: राष्ट्रीय अपमान-लेखक को अगले गणतंत्र पर पद्मश्री तो

अवश्य मिलना चाहिए।

"हैव आई वामिटेड?" नर्स के मुख से अस्पताल से चुराए विटामिनों की गंध आ रही है, "लुक एट द लेडी।"

वह बाहर चली जाती है।

पन्द्रह

बच्चे का बाप हुक्का पीकर, पी॰ एम॰ के जाने के बाद अस्पताल में आता है।

बच्चे की मां रोते-रोते उससे लिपट जाती है।

"नो रोमांस, प्लीज।" डॉक्टर कहता है।

"क्या हुआ?" बच्चे का बाप पूछता है।

"आपका झंझट खत्म हुआ।" नर्स कहती है, "आपका दूसरा बच्चा भी मर गया। कांग्रेच्यूलेशन्स!"

"थैक्यू!" बच्चे का बाप कहता है, "भगवान इसी प्रकार सबके बच्चों को मारे! बहुत दिनों से मैं रात को ठीक से सोया नहीं था। अब सोऊंगा।"

"घर चलो। घर चलो।" बच्चे की मां चीखती है।

"आप घर नहीं जा सकते।" बड़ी नर्स आ जाती है, "पहले हॉस्पिटल का बिल पे करो।"

"कितना बिल है?" बच्चे का बाप जेब से पर्स निकालता है। पर्स के साथ उसकी जेब से सुपरिंटेंडेंट की जुराबें निकल आती हैं।

"बिल एकांउटेंट बताएगा।" बड़ी नर्स कहती है।

"एकाउंटेंट कब आएगा?" बच्चे का बाप पूछता है।

"कल सवेरे दस बजे।" नर्स बताती है।

"तो रात को मैं अस्पताल मं रहूं?" वह पूछता है।

"नहीं रात को हॉस्पिटल में रहने की परमिशन नहीं है।" नर्स कहती है, "डोंट यू नो द रूल्स?"

"तो मैं घर जाऊं?" बच्चे का बाप फिर पूछता है।

"नहीं। बिल पे किए बिना नहीं जा सकता।" बड़ी नर्स

चिंघाड़ती है।

सोलह

बरामदे में भीड़ लगी है।

बच्चे का बाप भी खड़ा देख रहा है।

''मैं हिंदुस्तानी हुआ तो क्या हुआ!'' एक आदमी चीख रहा था, ''उल्लू के पट्ठे! तुम्हें क्या हक था कि मेरी टूटी हुई हड्डी को जोड़ने के लिए देसी हड्डी लगा देते!''

''शोर मत करो।'' नर्स डांटती है।

''बिलैती हड्डी क्यों नहीं लगाई?'' वह आदमी अपनी हड्डियां चटखाता है, ''हमारे देश के शहीदों ने अंग्रेजों की हत्याएं इसलिए तो नहीं की थीं कि तुम मुझे देसी हड्डी लगाओ। मुझे किसी अंग्रेज की हड्डी क्यों नहीं लगाई?''

''तुमको सूअर की हड्डी लगाएगा।'' नर्स कहती है, ''तुम चलो तो।''

सत्रह

एकाउंटेंट बिल बनाता है।

''दो बच्चे थे न आपके?'' वह फाइल में से बच्चे के बाप की जन्मकुंडली निकलता है।

''जी।'' बच्चे का बाप कहता है।

''एक उसी दिन मर गया था?'' एकाउंटेंट की आंखों में ज्ञान का कैम्प फायर जलता है।

''जी।'' बच्चे का बाप श्रद्धा से नतमस्तक होकर सुपरिटेंडेंट की जुराबें एकाउंटेंट को पहना देता है।

''उसको हमने थोड़ी ऑक्सीजन दी थी, पर उसका मैं कुछ भी चार्ज नहीं कर रहा।'' दयानिधान एकाउंटेट कहता है, ''और स्पेस्मिडन ड्राप्स, दो बूंदें। एक बोतल तीन रुपयों की। दो बूंदें आठ आने की। मल्टी-विटामिन्स, तीन बूंदें। एक बूंद पौने तेरह आने की। रोज का दूध......।''

''कितने पैसे और दूं?'' बच्चे का बाप पूछता है।

''आपने दो सौ रुपए एडवांस जमा करवाए थे। आपका बिल एक सौ दस रुपए हुआ।'' एकाउंटेट बताता है, ''आपका बिल रिफंडेबल है। आपको हम नब्बे रुपए वापस देंगे।''

''दीजिए।'' बच्चे का बाप खुशी से दोनों हाथ फैला देता है, जैसे मन्दिर में प्रसाद लिया जाता है।

''पर रुपए वापस करने में पन्द्रह-बीस दिन तो लग ही जाएंगे।'' एकाउंटेंट कहता है, '' और जब तक आपको रुपया वापिस नहीं मिलेंगे, मैं आपको बिल पेड की चिट नहीं दे सकता और जब तक आपको वह चिट नहीं मिलेगी, तब तक आप अस्पताल से बाहर नहीं जा सकते।''

अठारह

''भाई मेरे।'' बच्चे का बाप चौकीदार से कहता है, ''मैं पन्द्रह-बीस दिनों तक यहां कैद हूं। तुम चाहो तो घर चले जाओ। मैं तुम्हारी जगह ड्यूटी कर दूंगा।''

''पर मेरे स्टूल पर बैठने का पन्द्रह दिन का किराया लगेगा।'' चौकीदार कहता है।

''स्वीकार।'' बच्चों का बाप ताशकन्द और कच्छ समझौते पर एक साथ ही हस्ताक्षर कर देता है।

''अच्छा।'' बच्चे का बाप कहता है, ''अब उस टैक्सी वाले को कह दो कि मैं घर नहीं जा रहा, इसलिए टैक्सी वापस ले जाए।''

''नहीं।'' चौकीदार कहता है, ''मैं टैक्सी ले जाता हूं। पन्द्रह दिनों के बाद वापस ले आऊंगा, बिल तुम दे देना। स्वीकार हो तो बोलो, नहीं तो मेरा स्टूल दे दो।''

''स्वीकार! स्वीकार!!'' बच्चे का बाप हाथ जोड़ देता है, ''तुम मुझसे अपना स्टूल मत छीनो।''

दि लाईफ

अफसरों का मुहल्ला। खाता-पीता आसूदा घर।

अंधेरा अभी विदा नहीं हुआ। सुबह साढ़े चार बजे का समय।

खन्ना साहब के सिरहाने पड़ी घड़ी को दौरा पड़ता है-टर्र..र्..र्..र्..

खन्ना साहब हड़बड़ाकर उठ बैठते हैं। अचकचाई नजरों से इधर-उधर देखते हैं। क्षण-भर तक उन्हें कुछ भी समझ नहीं आता। वह घड़ी की ओर देखते हैं। घड़ी मुस्कराकर कहती है, ''गुड मार्निंग!''

खन्ना साहब को घड़ी की बदतमीजी अच्छी नहीं लगती। वह नाराजगी से उसका कान ऐंठ देते हैं, अलार्म बन्द हो जाता है।

वह उबासी लेते हैं। कैंची के दोनों ब्लेडों की तरह उनके दोनों जबड़े अलग हो जाते हैं। वह उस खुले मुख के सामने चुटकी बजाते हैं, जैसे हलक के कौवे को चिढ़ा रहे हों।

''हरि ओम! हरि ओम!'' वह पलंग से उठ बैठते हैं।

श्रीमती खन्ना के सिरहाने खड़े होकर वह एकटक देखते हैं। फिर पुकारते हैं, ''रत्ना!''

स्वर में प्यार ऐसे उमड़ता है, जैसे किसी बांध के टूटने पर, बांध का एकत्रित जल उमड़ता है।

श्रीमती खन्ना चौंककर उठ बैठती हैं। उनकी आंखें फटी हुई हैं। मुंह खुला है और दोनों हाथ छाती पर बंधे हुए हैं।

वह अनपहचानी नजरों से खन्ना साहब के शरीर के आर-पार देखती रहती हैं।

एक आवारा मच्छर सुबह की सैर के विचार से उनके खुले मुंह में टहलता- टहलता चला जाता है।

मिसेज खन्ना की आंखों में लिफ्ट से खन्ना साहब की पहचान उतरती है और वह चिंघाड़ती हैं, ''तुम्हें कितनी बार कहा कि मुझे इस प्रकार अचानक मत जगाया करो। ऐसे किसी दिन मेरा हार्ट फेल हो जाएगा।''

खन्ना साहब के चेहरे पर दीनता की मूसलाधार वर्षा होती है, ''तेरा हार्ट फेल नहीं होता, भली लोक। पर तेरे चीखने से मेरा हार्ट फेल जरूर हो जाएगा।''

''अच्छा-अच्छा।'' श्रीमती खन्ना के मुख से दुर्गन्ध का भभका उठता है।

वह अंधेरे में डरती हुई, हनुमान चालीसा का पाठ करती हुई रसोई में आती हैं। माचिस नहीं मिलती तो अपने आध्यात्मिक तेज से गैस जलाती हैं। एक चूल्हे पर चाय के लिए पानी और दूसरे पर रात का बचा हुआ दूध गर्म करने के लिए रखती हैं।

दो

खन्ना साहब के फ्लैट की बालकनी। वहां उनचासों पवन चल रहे हैं यानी बालकनी में क्रॉस वेंटिलेशन है। कमरों के समान घुटन नहीं है यहां। खन्ना साहब का नौकर निवारी चारपाई बिछाकर सोया हुआ है।

मिसेज खन्ना चाय का प्याला हाथ में लिए नौकर के सिरहाने खड़ी उसे जगा रही हैं, ''चन्न उठ बेटे। उठ जा। दूध लेने जाना है न।''

नौकर आंखें खोलता है। उसका हाथ आकाश की ओर उठता है और मुख से ऋषि-वाणी प्रस्फुटित होती है, ''चाय।''

श्रीमती खन्ना बड़े भक्ति-भाव से उसके उठे हुए हाथ पर चाय का कप रख देती हैं।

नौकर चाय की चुस्की लेता है।

मिसेज खन्ना श्रद्धाभरी उत्सुकता से उसकी ओर देखती रहती हैं।

''डोल और पैसे दे जाइए।'' नौकर आदेश देता है।

''बहुत अच्छा।'' मिसेज खन्ना का सिर आज्ञा के पालन में झुक जाता है।

तीन

''मोया! मर जाना! रुड़ जाना! कंजर दी औलाद। सूर दा बच्चा!'' मिसेज खन्ना दांत पीस-पीसकर गालियां दे रही हैं।

''बस! बस कर, भागवान!'' खन्ना साहब सांत्वना देते हैं, ''बहुत हुआ, अब और श्लोक न पढ़।''

''देखो भला, कैसे हुकम चलाता है!'' वह कहती हैं।

''तो निकाल दे न साले को!'' खन्ना साहब सुझाव देते हैं।

''चुप!'' मिसेज खन्ना डांटती हैं, ''खबरदार ज़ो फिर ऐसी बात कही। उसे निकाल दिया तो काम करने तुम्हारी मां श्मशान से उठकर!''

''तो?''

''तो क्या? हुकम बजाते चलो उसके।''

चार

खन्ना साहब का नौकर दूध वाले से कह रहा है, ''देख चौधरी, दूध अच्छा देना।''

''तुझे क्या बे दूध से। दूध दें या भैंस का पेशाब। तुझे कौन खुद पीना है। दूध लेने आया है, जो देता हूं ले जा।'' दूध वाला रौब से कहता है।

''देख ताऊ।'' नौकर जवाब देता है, ''ऐसी बातें न किया कर। मैं और नौकरों की तरह नहीं...'' और सहसा वह अपना डोल हटा लेता है, ''यह दूध मैं नहीं लूंगा।''

''नहीं लेना तो डोल उठा और चलता-फिरता नजर आ।'' दूध वाला उसका डोल परे करके दूसरे लोगों को दूध देने लगता है।

नौकर अपनी आंखों से गुस्से के रॉकेट छोड़ता है, पर वे रास्ते में ही फिस्स हो जाते हैं, दूध वाले तक नहीं पहुंचते। वह लौट जाता

है।

पांच

खन्ना साहब नाइट-सूट में, हाथ में डोल लिए बड़ी दीन मुद्रा में खड़े हैं और दूध वाले के प्रति निवेदन कर रहे है, ''हे आदरणीय दूध वाले! हम अपने नौकर की सारी आज्ञाओं का पालन सिर्फ इसलिए करते हैं कि वह दूध ले आया करे और हमें सवेरे उठने का कष्ट न करना पड़े। अब अगर तुम उसको दूध नहीं दोगे तो हमारा काम कैसे चलेगा?''

दूध वाला अपनी आंखों मे खांटी दूध की सी-सफेद झाग का-सा भोला भाव लेकर खन्ना साहब को देखता है और अपनी सफाई देता है, ''मेरे मेहरबान खन्ना साहब! आप मेरे ग्राहकों में से सबसे अच्छे हैं। आपने मेरे साथ कभी झगड़ा नहीं किया। आपने कभी मुझे डांटा-डपटा नहीं। मैंने जितना पानी चाहा, आपके दूध में मिलाया, पर आपने मुझे खराब या जाली तो दूर, कभी पुराना नोट तक नहीं दिया। आप ही जैसे मेहरबान और शरीफ ग्राहकों के कारण मेरी चार भैंसों का दूध मिलाकर चार मन हो जाता है। इसलिए मेरे मन में आपके लिए श्रद्धा वैसे ही जन्मी है, जैसे बरसात में केंचुए जन्मते हैं। इसलिए जनाब, मैं आपके नौकर को दूध जरूर देता हूं, पर वह खुद ही लेकर नहीं गया।''

''क्यों?'' खन्ना साहब दूध वाले को 'एवायड' करने के लिए ऐनक उतारकर उसके शीशों को साफ करने लगते हैं।

''कारण आपके नौकर की मूर्खता, सरकार!'' दूध वाला कहता है, ''आपका नौकर केवल मिडिल पास है वह बिलैती चीजों की खूबी नहीं जानता। देखिए, बाकी लोगों को मैं इन भैंसों का दूध देता हूं, जो देसी हैं। इनके मां-बाप देसी थे। फिर ये इसी देस में पली हैं। बिदेस से कभी घूमकर भी नहीं आईं। और आपके नौकर को मैं हालैंड की भैंसों के दूध के पौडर में पानी मिलाकर यानी बिलैती दूध दे रहा था। पर वह साला तो देश-भगत है, बिलैती लेकर ही नहीं जाता।''

''कोई बात नहीं, मेरे प्यारे दूध वाले।'' खन्ना साहब फिर से

ऐनक लगा लेते हैं, ''मुझे तुम्हारी समझदारी और नौकर की मूर्खता पर पूरा विश्वास है। तुम दूध दो!''

खन्ना साहब डोल पकड़कर एक घुटने के बल पर ऐसे बैठे जैसे सैनिक अफसर राष्ट्रपति से रेजिमेंटल कलर लेने के लिए बैठते हैं।

छह

खन्ना साहब मिनिस्टरी में पहुंचते ही हैं कि सेक्रेटरी एक कागज लेकर आ पहुंचता है।

''क्या है?'' खन्ना साहब पूछते हैं।

''सर! खबर आई है कि नानक सागर बांध टूट गया है।''

''खबर आई है?''

''जी!''

''तो डिस्पैच क्लर्क को दे दो।''

''सर! उसने नोट लगाकर खबर अपर डिविजन क्लर्क को भेज दी। अपर डिविजन क्लर्क ने नोट लगाया और असिस्टेंट को भेज दी। असिस्टेंट ने नोट लगाया और सेक्शन ऑफिसर को भेज दी। सेक्शन ऑफिसर ने नोट लगाया और फाइल अंडर सेक्रेटरी को भेज दी। उसने भी नोट लगाया और फाइल मेरे पास आ गई। अब मैं...'' डिप्टी सेक्रेटरी रुक गया।

''तुम सारा केस पुट-अप करो।'' खन्ना साहब ने हुक्म दिया।

''सर! बहुत खोजने पर भी इस केस का कोई कागज कहीं नहीं मिला। हां, बांध का एक नक्शा मिल गया है। पता नहीं वह इसी बांध का है या किसी और बांध का। पर है वह किसी बांध का ही। वह मैंने फाइल में लगा दिया है। अब मैं...''

''इस तरह के केस का कोई प्रिसिडेंट है?'' खन्ना साहब ने पूछा।

''अभी तक कोई नहीं मिला, सर!''

''तो खोजो!''

''सर! इस खबर को आए पंद्रह दिन हो चुके हैं। वहां बांध के आस-पास का सारा इलाका बरबाद हो गया है।'' डिप्टी सेक्रेटरी

कहता है।

''यह मिनिस्टरी है, मिस्टर अगड़म-बगड़म।'' खन्ना साहब दहाड़ते हैं, ''बनिए की दूकान नहीं है कि सारे फैसले हाथों-हाथ हो जाएं।''

''अच्छा सर!'' डिप्टी सेक्रेटरी नानक सागर बांध के पानी के समान ही कमरे में बह जाता है।

सात

खन्ना साहब को दफ्तर भेजकर मिसेज खन्ना टैक्सी में अपनी सहेलियों के पास पहुंचती हैं। सहेलियों से मतलब व औरतें जिनके पति पोजीशन में खन्ना साहब से कम न हो।

''तुमने सुना, कमला!'' कृष्णा बोली, ''मिसेज थापर ने अपने पति को घर से निकाल दिया है।''

''ओ, नो डार्लिंग!'' कमला कहती है, ''डोंट टैल मी दैट। आज सबेरे ही मिस्टर थापर इनसे मिलने आए थे।''

''हाउ सिली!'' कृष्णा उत्तर देती है, ''मिस्टर थापर इज आल राइट। वे मिसेज थापर के हस्बैंड नहीं, फाइनांसर हैं। मैं तो उसके हस्बैंड की बात कर रही हूं, दैट ब्लडी खानसामा।''

''खानसामा!''

''हां! मिसेज थापर के सारे बच्चे उसी से हैं।''

''ओ नो!''

''येस येस, माई डियर।''

''आओ, आओ। एक बात मैं सुनाऊं।'' मिसेज कपूर सबको अपने चारों ओर हुल्ला-हुप की तरह इकट्ठा कर लेती हैं, ''जलोटा साहब के लड़के ने बम्बई से लिखा है कि पंद्रह दिनों बाद उसकी पत्नी की कंफाइनमेंट की एक्सपेक्टेड डेट है। वे दोनों वहां पहुंच जाएं।''

''हैं!'' मिसेज मिश्रा के चेहरे पर लेबर पेन्स उभर आती हैं, ''मिसेज जलोटा ने पहले तो कभी चर्चा ही नहीं की।''

''उस बेचारी को खुद ही पता नहीं था।'' मिसेज कपूर के पास पूरा मसाला तैयार है, ''जलोटा साहब ने सुपुत्र से पूछा कि उसने पहले क्यों नहीं बताया तो उसने लिखा कि उसे स्वयं मालूम नहीं था। वह तो एक दिन सबेरे उठकर उसने अपनी पत्नी को देखा तो वह उसे बड़ी डिस्फीगर्ड लगी। वह उसे डॉक्टर के पास ले गया तो डॉक्टर ने आठ महीनों की प्रेगनेन्सी बता दी।''

''पर यह कैसे हो सकता है? दे कांट बी दैट इग्नोरेंट। दैट्स हर थर्ड प्रेगनेन्सी।'' मिसेज मिश्रा चीखकर कहती हैं।

''अरे, वह बड़ा उल्लू का पट्ठा है।'' मिसेज कपूर हंसकर अपने हलक का कौवा दिखाती हैं, ''बाप को हमेशा से उल्लू समझता आया है।''

..सभा विसर्जित होती है सुनो वीर हनुमान...

आठ

पड़ोस की आया खन्ना साहब की बालकनी में दूज के चांद की तरह झांकती है।

''डार्लिंग!''

''आ जाओ।'' खन्ना साहब का नौकर कपड़े तय करता हुआ बाहर आता है, ''बुड्ढ़ा-बुढ़िया दोनो चले गए।''

आया जंगला टाप आती है।

''बहारो फूल बरसाओ, मेरा महबूब आया है...'' नौकर गाता है।

''हाऊ नॉटी!'' आया फुदकती है।

''अंदर चलो डार्लिंग।'' नौकर कहता है।

दोनों भीतर आते हैं।

नौकर के चेहरे पर कब्रिस्तान की धूल उड़ने लगती है। आंखों में वैसे ही पानी जमा हो जाता है। जैसे बरसात के निकास के अभाव में दिल्ली की सड़कों पर जमा हो जाता है।

''मेरी जान।''

''मेरे प्राण!''

''आज मैं तुम्हें दूध नहीं पिला सकता।''

''क्यों, क्या खत्म हो गया?'' आया के चेहरे का प्यार हिमालय की बर्फ के समान पिघलने लगता है।

''नहीं डार्लिंग।'' नौकर कहता है, ''मेरा इडियट साहब आज इम्पोर्टेड दूध ले आया है। वह दूध तुम्हारे ताजमहल-से शरीर के लिए अच्छा नहीं। उससे तुम्हारा संगमरमर-सा रंग...''

''मैं...'' आया कहती है।

''नाराज न हो, स्वीटी।'' नौकर उसे मनाता हैं, ''मैं तुम्हें कनॉट प्लेस में आइसक्रीम खिलाऊंगा।''

''चलो फिर।'' आया कहती है।

''ऐसे नहीं।'' नौकर सलाह देता है, ''तुम भीतर जाकर हमारी मेमसाहब के कपड़े पहन लो। यह ब्रेजियर जरूर बदल लेना, नहीं तो शेप बढ़िया नहीं होगा।''

नौ

''क्या है?'' खन्ना साहब कहते हैं, जैसे किसी अपरिचित को देखकर कुत्ता भौंकता है।

''सर! उस केस का कोई प्रिसिडेंट नहीं है।''

''क्यों नहीं है?''

''सर! पहले कभी कोई बांध नहीं टूटा।''

''क्यो नहीं टूटा?''

''क्योंकि कोई बांध बनाया ही नहीं गया था।''

''तो ऐसा करो...'' खन्ना साहब अपनी पाइप जलाते हैं, ''जिसने बांध टूटने की न्यूज भेजी है, उसे एक लैटर लिखो और उसमें यह प्रोटेस्ट करो कि बिना प्रिसिडेंट वाला केस हमारे पास क्यों भेजा गया।''

''सर! सर!!''..डिप्टी सेक्रेटरी सरसराता है।

''क्या है?'' खन्ना साहब दहाड़ते हैं।

''सर! आजकल बहुत सारे केस बिना प्रिसिडेंट के आ जाते हैं। जमाना बहुत खराब आ गया है, सर! घोर क़लयुग है। पिछले

दिनों एक ऐसा ही केस डिफैंस मिनिस्टरी में भी आया था।''

''क्या केस था?''

''सर! चीन ने हमारी सीमाओं पर अटैक किया था।''

''तो डिफैंस मिनिस्ट्री ने क्या किया?'' खन्ना साहब को समस्या का समाधान सूझता जाता है।

''सर! डिप्टी सेक्रेटरी कहता है, ''उन्होंने प्रोटेस्ट भेजा था।''

''तो तुम प्रोटेस्ट भेज दो।''

''अच्छा, सर!'' डिप्टी सेक्रेटरी कहता है, ''प्रोटेस्ट कैसे भेजूं?''

''हूं।'' खन्ना साहब सोचते हैं, फिर भभक उठते हैं, ''हर बात मुझे ही बतानी है, तो तुम्हारा क्या काम? यू आर इनएफिशियेंट।''

''अच्छा सर!'' डिप्टी सेक्रेटरी कहता हैं ''मैं भी चीन वालों को प्रोटेस्ट भेज देता हूं।''

''ठीक है।''

दस

खन्ना साहब का नौकर और पड़ोस की आया बस-स्टैंड पर खड़े चॉक बार खा रहे हैं।

''घंटे-भर से कोई बस नहीं आई।'' पड़ोस की आया कहती है, ''बड़े हरामी हैं ये बस वाले।''

''कौन हरामी नहीं है, मेरी जान?'' खन्ना साहब का नौकर कहता है, ''तुम नहीं हो या मैं नहीं हूं या हमारे साहब नहीं हैं।''

''हां, हम सब हरामी हैं।'' पड़ोस की आया स्वीकार करती है।

दोनों मुंह में चॉक बार डाले, एक-दूसरे के प्रेम का आस्वाद लेते रहते हैं।

''वह बस आ रही है।'' खन्ना साहब का नौकर कहता है।

''हाय! मेरी आइसक्रीम।'' पड़ोस की आया चॉक बार जल्दी-जल्दी खाकर तिनका फेंक देती है।

बस आकर रुकती है।

सवारियां उतरती हैं।

बस खाली हो जाती है।

पड़ोस की आया और खन्ना साहब का नौकर बस में चढ़ने लगते हैं।

''मत चढ़ो, मत चढ़ो।'' कंडक्टर कहता है।

''क्यों?'' खन्ना साहब का नौकर पूछता है।

''यह बस डिपो जा रही है'' कंडक्टर बताता है।

''हमें रास्ते में उतार देना।'' पड़ोस की आया चॉकबार की मिठास के साथ कहती है।

''नहीं, नहीं।'' कंडक्टर कहता है, ''हमारी ड्यूटी खत्म। बस में स्टाफ नहीं है। कहो तो अपने घर ले चलें....''

''तेरी मां...'' खन्ना साहब का नौकर घूंसा तानकर कहता है।

''चल भई, चल!'' बस कंडक्टर घंटी बजा देता है।

खन्ना साहब का नौकर दांत पीसता रह जाता है।

पड़ोस की आया खिलखिलाकर हंसती है।

''यहां से मादर...खाली ले जाएंगे, डिप्पो से फिर यहां तक खाली लाएंगे, अब यहां से सवारी लेकर जाएंगे। सूअर के...'' खन्ना साहब का नौकर कहता है।

''तब तक एक चॉक बार और खिलाओ।'' पड़ोस की आया फरमायश करती है।

ग्यारह

''अजी, सुना आपने?'' मिसेज खन्ना कहती हैं, ''बूढ़े कागल ने शादी कर ली है।''

''शादी! कागल ने!'' खन्ना साहब का मुंह फाइल की तरह खुल जाता है।

''हां!''

''क्यों?''

''उनके लड़के के घर बेटा हुआ है।''

''तो?''

''बच्चे को पालने के लिए उनके लड़के को आया की जरूरत थी, इसलिए उन्होंने शादी कर ली।''

''वैरी गुड!'' खन्ना साहब कहते हैं, ''आइडिया तो अच्छा है। उसने पोता पालने के लिए शादी की। मैं सोचता हूं, मैं पोता पैदा करने के लिए आया रख लूं।''

''आपका तो दिमाग खराब है।'' मिसेज खन्ना की आंखों में पति-प्रशंसा की बाढ़ आ जाती है।

बारह

खन्ना साहब का नौकर और पड़ोस की आया सबसे अगली सीट पर ड्राइवर के पीछे बैठे हैं।

पड़ोस की आया अपनी जगह पर बार-बार उचकती है।

''कितना तेज चलाता है न यह डलैवर।'' वह कहती है।

ड्राइवर बस और तेज कर देता है।

सड़क के बीचों-बीच एक स्कूटर-रिक्शा आ जाता है।

''ओह, बस धीरे हो गई।'' आया शोक प्रकट करती है।

ड्राइवर जोर-जोर से हॉर्न बजाता है।

स्कूटर रिक्शा रास्ता नहीं देता। सड़क के बीचों-बीच चलता रहता है।

''हट जा बे चिलगोजे की औलाद!'' ड्राइवर कहता है, ''मैं ठोकर मार दूंगा।''

स्कूटर-ड्राइवर रास्ता नहीं देता है।

पड़ोस की आया की निराशा बढ़ जाती है।

बस का ड्राइवर बस को स्कूटर-रिक्शा की बायीं ओर से निकालकर उके बराबर आकर, हॉर्न का रबर खींचकर स्कूटर-रिक्शा के ड्राइवर को दे मारता है, ''हटता क्यों नहीं बे मादर...''

वह बस रोक देता है

आया बच्चों की तरह खिलखिलाकर हंसती पड़ती है और तालियां बजाने लगती है।

स्कूटर-रिक्शा एक मिनट रुकता है और आगे बढ़ जाता है।

''अबे हरामी! हॉर्न तो दे जा।'' ड्राइवर बस चलाता है।

स्कूटर-रिक्शा वाला अपना स्कूटर एक गली में मोड़ लेता है।

''ले गया। साला हॉर्न ले गया।'' ड्राइवर दांत पीसता रहता है।

पड़ोस की आया हंसती रहती है।

तेरह

टेलिफोन की घंटी बजती है।

''हैलो!'' मिसेज खन्ना रिसीवर उठाती हैं।

''माताजी!'' मैं बोल रहा हूं, आपका नौकर। आवाज आती है।

''हां, बेटे!''

''मैं रात को शो देखने जा रहा हूं। रात को साढ़े बारह बजे तक लौटूंगा।''

ऊपर से आवाज आती है, ''मेरी चारपाई बाहर निकालकर उस पर बिस्तर कर देना। खाना भी थाली से ढंककर वहीं रख देना, और तकलीफ माफ करना।''

''नहीं तकलीफ की कोई बात नहीं, पुत्तर।'' मिसेज खन्ना कहती हैं, ''पर तुम आ जाना।''

''अच्छा जी!''

मिसेज खन्ना रिसीवर रख देती हैं।

रसोई में जाकर आटा गूंथती हैं।

''सूर दा बच्चा! औतरी दा पुत्तर!'' वे मुंह-ही-मुंह में कहती हैं।

शफा देने वाले

उनके बाल छोटे-छोटे कटे हैं। रूखे ओर खुश्क इस तरह तने खड़े हैं जैसे जंगली सूअर के बाल। नाक के नीचे, ऊपर के होठ पर, सूम के धन के समान सहेजकर रखी गई, गाय की कटी दुम के समान मुंछें हैं। चुस्त कमीजें, भड़कीली टाई, टाइट पतलून और नुकीले जूते हैं। चारों लड़के बने-संवरे, शालीनतापूर्वक ऐसे बैठे हैं, जैसे देखने आने वालों की प्रतीक्षा में लड़की बैठती है।

पैनेल्टी शॉट की तरह धचके से कम्पनी के डायरेक्टर कमरे में घुसपैठ करते हैं।

लड़के यूं सर्राटे से खड़े होते हैं, जैसे चारों को एक साथ नीचे से तेज नुकीली कील चुभी हो।

आरती के धुएं में लिपटी देव-प्रतिमा के समान, सिगार के धुएं में ढके डायरेक्टर उन्हें बैठने का संकेत करते हुए कहते हैं:

''यंगमैन। आपकी ट्रेनिंग समाप्त हुई। अब आपको फील्ड में जाना है। आप चारों को उस एरिया में काम करना है, जहां हमारी कम्पनी की दवाइयां बहुत कम बिकती हैं। आपको कम्पनी को ज्यादा सेल देनी है। नो सेल, नो जॉब। सेल नहीं बढ़ी, दैन यू आर डिस्मिस्ड। एनी कोएस्चेन?'' डायरेक्टर का चेहरा खरबूजे का खेत बना हुआ है।

पर लड़को का चेहरा वही रंग नहीं पकड़ता।

''बट, सर।।'' एक लड़के का हाथ टाई की नॉट पर जाता है, जैसे वह रेडियो का स्विच हो और रेडियो चलता है, ''जब आप स्वयं मानते हैं कि वहां सबसे कम सेल होती है तो फिर कम सेल के कारण हम डिस्मिस क्यों होंगे?''

''इसलिए, यंगमैन!'' डायरेक्टर के श्याम रंग नए खरबूजे पर

चढ़ाता है, ''कि तुम लोग थर्ड क्लास बी० एस० सी० होकर भी सात सौ रुपए सैलेरी लोगे, जब कि फर्स्ट क्लास बी० एस० सी० भारत सरकार की प्रयोगशालाओं में ढाई सौ रुपए लेता है। समझे?''

''यस, सर!'' लड़का डायरेक्टर के श्याम रंग में रंग जाता है।

''बट, सर!'' दूसरा लड़का बरसात में उगे कुकुरमुत्ते के समान खड़ा हो जाता है और टूटे हुए रिकार्ड पर अटकी सुई के समान हकलाता है, ''वहां यदि कोई बीमार ही न हो तो?''

''बीमार आदमी तभी होता है, जब बाजार में दवा आ जाती है।'' डायरेक्टर कुकुरमुत्ते की सब्जी बनाकर उसे खा जाता है, ''हम दवाईयां भेज रहे हैं, अब वहां लोगों को बीमार पड़ना चाहिए। वहां के लोग अब तक बीमार इसलिए नहीं पड़ते, क्योंकि वे दवाइयां नहीं खाते। उन्हें दवाइयां खिलाओ।''

''यस, सर!'' लड़का समुद्र की लहार के समान पीछे हट जाता है।

''और कोई सवाल?'' डायरेक्टर अखाड़ेबाजों को हिंद-केसरी के समान ललकारता है।

''बट, सर!'' एक लड़का उठ खड़ा होता है, ''दवाई तो वही बिकेगी जो डॉक्टर चाहेगा। और डॉक्टर दवा वैसी देगा, जैसी बीमारी होगी। इसलिए सब कुछ डॉक्टर और मरीज पर डिपेंड करता है।''

''नो, माई डियर!'' डायरेक्टर का चेहरा सनमाइका के समान साफ है, उस पर लड़कों के प्रश्नों के दाग नहीं टिकते, ''डॉक्टर को दवाई देनी है। दवा क्या वह अपने घर से लाएगा? वह वही दवा दे सकता है जो हम बनाकर मार्किट में भेजते हैं। वह मरीज में उसी बीमारी के सिम्पटम देखेगा, जो दवा हमने बनाई है। डॉक्टर क्या चीज है!''

''यस, सर!'' लड़का जाले में लटके मकड़े के समान गिर पड़ता है।

''कोई और सवाल?'' डायरेक्टर पूछता है।

लड़के चुप रहते हैं।

''आप लोग जा सकते हैं। गुड लक!'' डायरेक्टर के चेहरे पर

एयर इंडिया के महाराजा की-सी मस्ती है।

दो

तूफान मेल, चलना सीखने वाले बच्चे के समान ठुमुक-ठुमुक चल रही है और फर्स्ट क्लास के एक डिब्बे में, रसोई के कोने में गिर पड़े आलू के समान, कम्पनी का नया मैडिकल रिप्रेजेंटेटिव गुलाटी बैठा है।

डिब्बे में एकमात्र दूसरा मुसाफिर एक ठिगना-सा अधेड़ है, जो चर्बी चढ़े मेंढक के समान लगता है।

''घर जा रहे हैं?'' सहसा मेंढक टर्राता है।

''नहीं काम पर जा रहा हूं।'' गुलाटी अपने ब्रीफ-केस को विजिटिंग कार्ड के रूम में उसके सामने कर देता है।

''क्या काम करते हैं?'' मेंढक फिर टर्राता है।

''मैडिकल रिप्रेजेंटेटिव हूं।'' गुलाटी सैनिक अफसर के रोब से उसे देखता है।

''ओह, दवाफरोश हैं।'' मेंढक की आवाज कानों को चुभने लगती है।

''जी, नहीं।'' गुलाटी मेंढक को पत्थर मारता है, ''दवाएं बेचता नहीं हूं, डॉक्टरों को उनके बारे में बताता हूं।''

''हां-हां!'' मेंढक की आंखों पर चर्बी की परत छा जाती है, ''डॉक्टरों को मुफ्त दवाएं बॉटते होंगे।''

वह अपनी जगह से छलांग लगा देता है, ''कोई दवा हमें भी दे दीजिए। बाजार में तो बहुत महंगी बिकती हैं।''

गुलाटी मक्खी के समान पीछे सरकता है, उसे मेंढक के स्थान पर छिपकली नजर आने लगती है।

''हमारे लिए आप तो गौरमेंट की फ्री डिस्पेंसरी हैं।'' मेंढक अपने जस्ता-भरे दांतों की नुमाइश करता है, ''ही-ही! लाइए, हार्ट की कोई दवा है!''

''हार्ट की कोई दवा हमारी कम्पनी नहीं बनाती।'' गुलाटी अपनी डिस्पेंसरी बंद कर, कंपाउंडर के समान हाथ झाड़ देता है,

''वैसे इस समय मेरे पास कोई भी दवा नहीं है, सिर्फ लिटरेचर है, पढ़ेंगे आप?'' उसकी आंखों में, बिना लाइसेंस के रेहढ़ी लगााने वाले को डांटता हुआ सिपाही है।

''कुछ तो दीजिए, साहब!'' मेंढक अपना बरसाती आलाप लेता है, ''हार्ट के लिए नहीं है तो डायबिटीज के लिए दीजिए। मेरी बेटी को पीरियड भी खुलकर नहीं आता। गौरमेंट ने उसका भी कंट्रोल कर दिया है शायद.....'' वह रुककर खी-खी करता है।

गुलाटी की आंखों में पुलिस-चौकी बन जाती है।

''अच्छा, चलिए!'' मेंढक को फिर जुकाम होता है, ''कोई डायरी-शायरी दीजिए। कोई स्टेशनरी की चीज दीजिए।'' मेंढक, मंत्री बनने के इच्छुक दल-बदलू का रूप धारण कर लेता है।

गुलाटी अपने दांत, चक्की के पाटों के समान रगड़ता हुआ, पुलिस चौकी से अपना ट्रांसफर करा लेता है।

तीन

''डाक्टर शाब! डाक्टर शाब!'' होटल का बैरा आता है, ''मनीजर साब का पेट में दर्द है।''

''तू बैरा है कि रेडियो!'' गुलाटी कटखने कुत्ते के समान गुर्राता है, ''सुबह-सुबह आ गया खबरें सुनाने।''

''शाब! मैं तो वक्त की आवाज हूं।'' बैरा नसवार की चुटकी लेता है, ''यह नसवार है, कहीं सलवार समझ लो। पंजाबी लोग से वैसे भी मैं बहुत डरता हूं।''

''तू वक्त की आवाज कैसे है, बे?'' गुलाटी के मन के दलदल में बैरे की बात धंस जाती है।

''ब्रेकफाश्ट, लंच और डिनर का वक्त मैं बताता हूं, शाब!'' बैरा कहता है, ''पर इस वक्त मैं देने नहीं आया, लेने आया हूं। जूठी प्लेटें नहीं, शाब! मनीजर के पेट के दर्द की दवा!'' बैरे का चेहरा टिप के लिए पुकारती हुई खाली प्लेट-सा लगता है।

''उसकी दवा है एक करारा घूंसा!'' गुलाटी शेव का सामान बटोरने लगता है, ''तू खुद दे देगा कि मैं भेजूं।''

गुलाटी, सीजर की लाश पर खड़े एंटनी का भाषण देता है, ''मैनेजर कहता है मैं डॉक्टर हूं। मैं कहता हूं मैं डॉक्टर नहीं हूं। मुझे देखकर बीमार मत पड़ो। जाओ..... शेव के लिए गर्म पानी ले आओ।''

बैरा बिल लाने के उत्साह से लौट जाता है।

चार

गुलाटी शीशे के सामने बैठा शेव कर रहा है।

''टर....र्रा......र्रा.......र्रा। पानी ठंडाऽऽऽ है। ....साले इंडियन ब्लेड शेव के लिए नहीं टर.....र्रा.....र्रा.....र्रा पेंसिल छीलने के लिए बनतेऽऽऽ हैं। वह....वा....वह....वह क्या बढ़िया ब्लेड है। यह तो मोचीऽऽऽऽऽ के काम भीऽऽऽ नहीं आएऽऽऽगा। शेविंग क्रीम बनाई है, जैसे कपड़ेऽऽऽ धोनेऽऽऽ हों। इसको तो घास छीलने से पहले लॉन में उंड़ेऽऽऽल देनाऽऽऽ चाहिए। अच्छाऽऽऽ। अब ऑफ्टर शेव लोऽऽशन लगाओऽऽऽऽ। कभी हमारे बाप ने तो लगाया नहीं। क्रीम भी लगाओ!'' वह शीशे में अपने प्रतिबिम्ब की आरती करता है, ''साले घूरते क्यों हो? जब वेश्या का धंधा अपनाया है, तो यार के पास जानेऽऽऽऽ से पहले शृंगार तोऽऽऽऽ करना ही पड़ेगा। और याद रखो कहना है क्याऽऽऽ और डायबिटीज के लिएऽऽऽ और हत् तेरी! यहां से तो दाढ़ी बनी ही नहीं। इससे अच्छी शेव तो कोई मोची भी बना देगा।। चलो, मंदिर में चलें और पूजा करें। भगवान से प्रार्थना करें कि फिर से इस देश में अवतार ले और अच्छे ब्लेडों की फैक्टरी बनाएऽऽऽ।''

''चल, उठ साले!'' वह कंक्लुडिंग रिमार्क देता है, ''बहुत हसीन है भी नहीं तू! देर हो गई तो डाक्टर क्या कंपाउंडर भी तेरी शक्ल देखना पसंद नहीं करेगा।''

वह अभिसार के लिए चल पड़ता है।

पांच

कम्पांउडर का बेटा डिस्पेंसरी का दरवाजा खोलता है।

''अबे, रात को यहीं सोए थे क्या?'' वह लाइन में लगे मरीजों का अभिवादन करता है।

''डॉक्टर साहब कब आएंगे?'' जासूसी उपन्यासों में हत्या की रात गहरे सन्नाटे में उभरती चीख के समान आवाज आती है।

''अभी तो मैं आया हूं।'' कम्पांउडर का बेटा अपनी बांसुरी बजाता है, ''फिर मेरा बाप कम्पाउंडर आएगा। फिर उसका बाप हाउस सर्जन आएगा। फिर उसका बाप बड़ा डॉक्टर आएगा। फिर उसकी अम्मा लेडी डॉक्टर आएगी। फिर उसका भी बाप, मरीजों के कार्ड अंदर ले जाने वाला छोकरा आएगा। तब तुम लोगों की अर्थी की तैयारी की जाएगी। तब तक तुम लोग अपने बाल-बच्चों, मां-बाप से गले मिल लो और चलने की तैयारी कर लो।''

''लौंडा मजाक बढ़िया करता है।'' एक सफेद टोपी, दीवार-घड़ी के पेंडुलम की तरह गर्दन हिलाती है।

''जब डॉक्टर नहीं है, तो तुम यहां करने आए हो?'' देश की बीमार आत्मा कुएं में टकराती, डूबती आवाज में पूछती है।

''अम्मा के चूड़ीदार में नाला नहीं है, इसलिए यहां बैंडेज लेने आया हूं। बैंडेज लेकर जाऊंगा। अम्मा बिस्तर से निकलेंगी। रोटी बनेगी, तब मेरा बाप कम्पाउंडर रोटी खाकर यहां आएगा।'' कम्पांउडर का लड़का देश की जन्म-कुंडली बांचता है।

छह

गुलाटी, लेडी डॉक्टर श्रीमति गुप्ता की चौखट पर सजदा करता है।

''अभी फुरसत नहीं है।'' दाई आकर कहती है, ''या तो बैठ जाओ, या कल आओ।''

''क्या दो मिनट टाइम भी नहीं मिल सकता?'' गुलाटी अपने दिल की प्लेट में कम्पनी की नई डायरी रखकर बढ़ाते हुए, संतों की विह्वलता के साथ घुटने टेक, पंजों में पंजे फंसा, गिड़गिड़ाता है।

''डायरी देना अपनी मां को!'' दाई व्यावसायिक घोषणा करती है, ''तुम्हारे जैसे कितने ही इन्हीं हाथों से पैदा करके मां की गोद में डाल दिए।''

''अच्छा मैं बैठ जाता हूं।'' गुलाटी अपनी जन्म गाथा सुनकर लज्जित हो जाता है।

दाई चाबी-भरी गुड़िया के समान भीतर लौट जाती है।

गुलाटी एक कुरसी में पसर जाता है।

''आपका कितना महीना है।'' एक होने वाली मां हांफती हुई फुफकारती है, ''बैठने का इतना ही शौक है, तो कुरसी साथ लाया कीजिए।''

गुलाटी खिसियाहट से हिनहिनाता लेडी डॉक्टर के कमरे में ऐसे घुस जाता है, जैसे किसी दुर्घटना के कारण कार पटरी पर लगे 'नो पार्किंग' वाले खम्भे से जा भिड़ती है।

''आपको लेबर पेंस शुरू हो गई है क्या?'' लेडी डॉक्टर श्रीमति गुप्ता उसकी कमीज उठाने के लिए हाथ बढ़ाती है।

''नहीं जी। डेलिवरी हो गई है। ट्विस हुए हैं।'' गुलाटी कम्पनी के नाम वाले पेन-पेंसिल की जोड़ी स्टेथेस्कोप पर रख देता है।

सात

कम्पाउंडर पान चबाता हुआ आकर अपनी सीट पर ऐसे बैठ जाता है जैसे थान पर बंधी भैंस जुगाली करती है।

''बाप! बाप!! मैं मास्टर को ऑब्लाइज करने स्कूल चला जाऊं अभी?'' कम्पाउंडर का बेटा, बाप की जेब से बटुआ निकाल लेता है।

''अबे ओ छछूंदर!'' कम्पाउंडर दूर से कौवे उड़ाने के अंदाज में कहता है, ''बटुआ क्यों निकाल रहा है, बाजार में हिन्दुस्तानी रुपए का अब कोई मूल्य नहीं है।''

''तो फिर आधी छुट्टी में जब सारे लड़के कुछ-न-कुछ खाएंगे तो मैं तुम्हारा पिंडदान करूंगा क्या?'' लड़का आध्यात्मिक बात करता है।

''शरबत ले जा, कबूतर! शरबत!'' कम्पाउंडर उसे विटामिन

बी कम्पलेक्स की बंद बोतल दे देता है।

आठ

डॉक्टर कपूर अपनी मेज पर पड़ा लिफाफा खोलता है।

''प्रिय डॉक्टर कपूर,

आपको यह सूचना देते हुए मुझे हर्ष हो रहा है कि आपको बड़े डॉक्टर के पद के लिए यह रिजेक्ट कर हमने आपको अधिक कार्य और जिम्मेदारी से बचा लिया है।

आप भी यह समाचार स्वीकार करेंगे कि मरीज पर दवाओं से भी अधिक प्रभाव डॉक्टर के व्यक्तित्व का पड़ता है। अत: इस देश के रोगियों के कल्याण को दृष्टि में रखते हुए हमने इस वर्ष की मिस इंडिया को बड़े डॉक्टर के पद पर नियुक्त किया है। वे दवाएं नहीं देंगी, किंतु मरते हुए रोगी भी उनका मुखड़ा देख-देखकर जीते रहेंगे। इस प्रकार वे दवाओं का खर्च भी बचाएंगी और रोगियों को लम्बा जीवन भी प्रदान करेंगी।

आपके सौभाग्य के लिए पुन: बधाई।

भवदीय

स्वास्थ्य मंत्री

पुनश्च: मिस इंडिया अपने सौन्दर्य के प्रयोग से जितनी दवाओं की बचत करेंगी, उनमें से आधी को ब्लैक से बेचने का आपको पूरा अधिकार है।

स्वा० मं०''

नौ

गुलाटी, डॉक्टर कपूर के कमरे का परदा हटाकर बच्चों के समान चा करता है।

''बैठिए!'' डॉ० कपूर, एयर-होस्टेस की-सी मिठास से कहते हैं।

गुलाटी नाचते हुए भालू के समान गोल चक्कर काट जाता है,

''सॉरी, डॉक्टर! कोई भी कुरसी नहीं है।''

''कुरसी क्या करोगे!'' डॉक्टर की आंखों में सामान्य नायिका का निमंत्रण है, ''सिर-आंखों पर बैठो, मेरे दिल में बैठो। जगह की क्या कमी है!''

''हाउ स्वीट आर यू, डॉक्टर!'' हमारी कम्पनी ने एक चमत्कार किया है।'' उसके चेहरे पर आर्केमेदिज का न्यूड सौन्दर्य है, ''एक टैबलेट रोज दें तो सप्ताह-भर में रोग भाग जाएगा। मजाल है, फिर कभी अपच की शिकायत हो।''

''धन्वन्तरी की संतान!'' डॉक्टर का मुखड़ा शरद पूर्णिमा में नहाए ताजमहल के समान शफाफ है एकदम, ''अपच इस देश में किसी को नहीं है। खाने को कभी किसी को भरपेट मिला है कि अपच हो।'' उसके नथुने क्रुद्ध बैल की थूथनी के समान फुफकारते हैं, दुआ दो अमरीका को कि देता है और लोग खाकर बीमार होते हैं। मेरा धंधा भी चलता है और तुम्हारा भी।''

गुलाटी की सांस बिगड़े हुए स्कूटर के समान फट्-फट्-फट् करने लगती है।

''डॉक्टर साहब! एक और दवा है हमारी कम्पनी की।

शर्मा, वह इंश्योरेंस एजेण्ट और मास्टर की छड़ी से डरे हुए प्राइमरी स्कूल के बच्चे के मिश्रित भाव से कहता है, ''बहुत अच्छी दवा है, डॉक्टर साहब! रोग एकदम भाग जाता है।''

डॉक्टर के चेहरे पर इसरायली जेट उड़ानें भरने लगते हैं, ''कौन-से रोग की दवा?''

''डायबिटीज की, डॉक्टर साहब!'' गुलाटी अपने गले में फसे मेंढक को निगल जाता है।

''चीनी तो राशन तक में नहीं मिलती, फिर डायबिटीज किसी को कैसे हो?'' डॉक्टर फिर मुस्कराता है (शिष्टता का दुश्मन साला)।

''तो आपके पास किस रोग के रोगी आते हैं?'' गुलाटी के चेहरे पर अरब-क्रोध का सूर्य चमकता है।

''भूख के रोगी, भ्रष्टाचार के रोगी, किसी के अत्याचार से

पीड़ित रोगी।'' डॉक्टर गीता प्रेस की बस-सा नजर आने लगता है।

''धंधे की बात करो, डॉक्टर!'' गुलाटी डॉक्टर कपूर की गोद में बैठ जाता है,''रोटी तुम्हें भी चाहिए और मुझे भी। रोगी तुम्हारे पास आएंगे और दवाई तुम्हें देनी है। दोगे वही, जो बाजार में मिलती है। तो फिर हमारी ही कम्पनी की दे दो। रोगी को अपने भाग्य से बचना है और अपने भाग्य से मरना है, न तुम्हारी डॉक्टरी से कुछ होगा, न मेरी दवाई से।''

''तुम पहले हरामजादे हो, जिसने इस ढंग से बात की है।'' डॉक्टर कपूर उसके गले लग जाता है।

''लो फिर!'' गुलाटी अपनी टाई और जूते, डॉक्टर की मेज पर उपहार स्वरूप रखकर चला जाता है।

दस

''यह दवा यहां नहीं मिलेगी!' कम्पाउंडर शीशी को उठाकर परे मारता है, जैसे सरकारी जमीन पर बनाई गई झुग्गी को पुलिस के सिपाही ठोकरें मारते हैं, ''बीवी की चूड़ियां बेचकर यह बाजार से, खरीदो!''

''दवा यहां से नहीं मिलती थी तो डॉक्टर ने लिखी ही क्यों?'' मरीज बीमार कुत्ते की तरह खिसियाता है।

''उसे दूसरी दवाई का नाम मालूम नहीं है, इसलिए सबकी पर्ची पर एक ही दवाई लिख देता है।'' कम्पाउंडर डॉक्टर के ज्ञान का भाष्य करता है, ''तुम यह ऑलम्पिक मशाल पकड़ो और भागो।''

वह पर्ची भी मरीज को थमा देता है।

''मैं बड़े डॉक्टर से तुम्हारी शिकायत करूंगा!'' मरीज टांगों के बीच दुम दबाकर पीछे हटते हुए कुत्ते के समान भौंकता है, ''अपने बेटे को टॉनिक की शीशियां पिला देते हो और हमें कहते हो दवा नहीं है!''

''जा, कह दे अपनी मां के खसम को!'' कम्पाउंडर ढेर सारी पान की पीक मरीज की शीशी में उगल देता है, ''दवा तो फिर भी मैं ही दूंगा। अगली बार जहर दे दूंगा। फिर अल्ला मियां से भी मेरी

शिकायत करना ऊपर जाकर। अभी परसों ही नर्स ने एक मरीज को गलत इंजेक्शन देकर मार डाला है। लाश अभी तक मुर्दाघर के फ्रिज में पड़ी बर्फ जमा रही है। घर वाले ले तक नहीं गए। तुम्हारी आइसक्रीम भी उसी फ्रिज में जमेगी।''

''हरामजादा! कुत्ते का पिल्ला! उल्लू का पट्ठा! सूअर की औलाद...!'' मरीज सहस्रनाम का जाप करता है।

ग्यारह

गुलाटी डॉ. मेहरा के दरबार में उपस्थित होता है।

''गुड मार्निंग डॉक्टर! इस बार आपके लिए बहुत ही ब्यूटीफुल टेबल-डायरी लाया हूं।'' वह माल की खेप उतारता है।

''थैंक यू॰ मि॰ गुलाटी!'' डॉ॰ मेहरा के चेहरे पर रोज-गार्डन झलकें मारने लगता है, ''पर साहब! आपकी कम्पनी दवा कोई अच्छी नहीं बनाती।''

''जवाब नहीं, डॉक्टर!'' गुलाटी डॉक्टर का अपमानजनक रिमार्क थूक के साथ कैपसूल के समान निगल जाता है, ''ये कैपूसल लीजिए। यह एशियन फ्लू को एक दिन में गायब कर देगा। एक बार आजमाकर देखिए।''

वह कैपसूल की शीशी मेज पर ऐसे रखता है जैसे यू॰ एन॰ ओ॰ में खुश्चेव ने मेज पर जूता रखा था।

डॉ॰ मेहरा शीशी उठाकर देखता-भालता है और घोषणा करता है, ''मैं सौ रुपए की शर्त लगा सकता हूं कि एशियन फ्लू में इस कैपसूल से रत्तीभर भी फायदा नहीं होगा।''

''और मैं पांच सौ रुपयों की शर्त लगा सकता हूं कि इस कैपसूल से एशियन फ्लू एक दिन में उड़ जाएगा।'' गुलाटी दंगल में उतरे मुर्गे के समान पर फड़फड़ाता है।

''डॉक्टर मैं हूं कि तुम?'' डॉक्टर मेहरा कोट से बाहर हो जाता है। कोट हैंगर पर टांगकर वार्ड-रोब में चला जाता है।

''डॉक्टर तो तुम्हीं हो!'' गुलाटी डॉ॰ मेहरा का कोट उसे वापस पहना देता है, ''पर तुम हो सिर्फ एम॰ बी॰ बी॰ एस॰-डॉक्टरी की सबसे छोटी डिग्री। और हमारी लैब में कैमिस्ट्री के डी॰ एस-सी

बैठे रिसर्च कर रहे हैं। रिसर्च हम करते हैं, बीमारियां हम खोजते हैं, दवाएं हम बनाते हैं। किस रोगी को कौन-सी दवा देनी है, यह तुम्हें हम बताते हैं। और तुम लोग इस यतीमखाने से मुफ्त में वेतन पाते हो। समझे?'' गुलाटी अपना ब्रीफकेस डॉ० मेहरा के सिर से जोर से छुआ देता है।

बारह

गुलाटी शाम के छह बजे ही आकर होटल के कमरे में सो जाता है।

दस बजे उसे वक्त की आवाज आकर जगाती है, ''डॉक्टर शाब, उठो। आपका ड्यूटी का जाने का वक्त हो गया।''

''थैंक यू, बैरा!'' गुलाटी मुंह पर भिनभिनाती मक्खी को उड़ाने के अन्दाज में कहता है।

''डॉक्टर शाब!'' बैरा मीनू बताने की शैली में कहता है, ''आजकल मनीजर साहब बहुत कमजोर हो गया है। कोई दवाई?''

''उसे कहो गधी का दूध पिए। खच्चर के समान तगड़ा हो जाएगा।'' गुलाटी जल्दी-जल्दी कपड़े पहनने लगता है।

वह फिर शीशे के सामने बैठता है और अपने प्रतिबिंब की आरती उतारने लगता है, ''तो सालेऽऽ फिर से काम शुरूऽऽऽ। यह लेडी डॉक्टर मिस प्रभा भी बस अजीब चॉकलेट है। सारी दुनियाऽऽऽ सो रहीऽऽऽ है, और आप ड्यूटी पर हैं। घर पर किसी से बिलकुल नहीं मिलतीं। इस समय अस्पताल जानाऽऽऽ पड़ेगा। और जोरू के भाई, तुम सालेऽऽऽ फिर चौखटा संवार रहे होऽऽऽ, जैसे जाते ही वह तुम्हें जूतों का हार पहनाएगी। वैसे तो मिस प्रभा है, पर होगी वह पैंतालीस वर्षों की दिलरूबा। डॉक्टर और मिस। वाह! वाह! ओह! ओह! क्या बात है। होती तो मिस ही हैं पर..''

सहसा वह माथा पीट लेता है, ''ओ बाटा के बेटे! तुम्हें भी अभी ही मुझे ताकत का सर्टिफिकेट देना था।''

वह टूटा हुआ तस्मा उठाकर, वार्डरोब में टाइयों के साथ लटका देता है, ''जब फैशन न किया तो क्या किया! ओ खसखस के दानेऽऽऽ...''

तेरह

''क्या रोमांटिक समय चुना है आपने मिलने का!'' डॉ॰ मिस प्रभा कॉफी का प्याला ऐसे पकड़ाती है जैसे उसके बटन-होल में गुलाब का फूल टांक रही हो।

गुलाटी के मुंह से लार बहने लगती है।

डॉ॰ मिस प्रभा का चेहरा गेंदे के फूलों का गुलदस्ता हो जाता है।

''ऐसी बातें मत करिए नहीं तो मैं शरमा जाऊंगा।'' गुलाटी कैपसूल की एक शीशी निकाल लेता है, ''फिर ये सारे विटामिन एक साथ खाकर मर जाऊंगा।''

''हाय! मेरी ड्यूटी में मत मरना।'' डॉ॰ मिस प्रभा उसके कानों में स्टेथेस्कोप लगाकर उसको अपने दिल की धड़कन सुनाती हैं, ''मैं नर्वस हो जाऊंगी। अभी सिर्फ हाउस सर्जन हूं।''

''तुम्हारा हार्ट वीक है।'' गुलाटी स्टेथेस्कोप उतारकर अपनी जेब में रख लेता है, ''कल तुम्हें मैं इसके लिए एक टॉनिक ला दूंगा।''

''मेरा स्टेथेस्कोप कहां ले जा रहे हो?'' डॉ॰ मिस प्रभा मीरा के समान पग घुंघरू बांधकर नाचने लगती है, ''मैं मरीजों को किससे पीटूंगी?''

''इसे छाती से लगाकर रात-भर तुम्हारे दिल की धड़कन सुनूंगा।'' गुलाटी एक डिब्बा मेज पर रख देता है, ''रात को इसमें से कॉफी बनाकर पीना। बेबी फूड है। और किसी को मारना हो तो डिब्बे का डिब्बा दे मारना। कल मैं और ला दूंगा। मेरे पास बहुत रखे हैं।''

''अच्छा! कॉफी के बाद एक बोतल खून पीना पसंद करोगे।'' डॉ॰ मिस प्रभा की आंखों में प्रेम के बांध बन जाते हैं। मुंह से मत पीना, इंजेक्ट कर दूंगी। काफी कमजोर लग रहे हो।

''नहीं, ठीक है। टॉनिक पी लूंगा,'' गुलाटी मेज पर अपना दिल रखकर ब्रीफकेस उठा लेता है, ''कल बाकी दवाओं की डिटेलिंग करने तुम्हारे घर आ जाऊं। हमारी कम्पनी की बहुत सारी

दवाएं हैं।''

''आ जाना याद से।'' डॉ॰ मिस प्रभा अपना प्यार गुलाटी में ट्रांस्फूज करती है, ''न आए तो लव-इंजेक्शंस का पूरा कार्स लेना पड़ेगा।''

चौदह

गुलाटी ब्रीफकेस खोलता है।

''यह डायरी तुम्हारे पापा के लिए है। यह पेन-पेंसिल का सेट तुम्हारे भाई के लिए। यह टेबल कैलेंडर अपनी बहन को दे देना। ये डायबिटीज के कैपसूल हैं अम्मा के लिए। यह टॉनिक तुम पीना, गाल शलगम जैसे हो जाएंगे। यह बेबी फूड बच्चों के लिए और प्रभा....!'' कच्ची छत के समान उसकी आंखें चूने लगती हैं।

''ऐ हे! हाथ मत लगाना।'' प्रभा बिल्ली के समान छलांग लगाती है, ''मैं अभी मैडिकल कॉटन लाती हूं। नहीं तो कोई इंफैक्शन हो जाएगी और कहोगे कि गूं-त्रिखी हो गई है।''

गुलाटी रुई से आंखें पोंछता है जैसे दिल को सेंक कर रहा है, ''आंखें पोंछनी ही हैं न। बैंडेज तो नहीं करनी?''

''आंखों से खून निकलेगा तो बैंडेज करूंगी।'' वह चक्षु-रोग संबंधी पुस्तकें पढ़ने लगती है, ''पर तुम रोए क्यों?''

''हातमताई याद आ गया था।'' गुलाटी धाड़ मारता है।

''क्या कहता था?'' प्रभा सारे सिम्पटम नोट करती है।

''कहता था,'' गुलाटी करुण फिल्मी गीतों के रिकार्डों में डूब जाता है, ''कहता था-तू महलों की रहने वाली, मैं कुटिया का रहने वाला.. बता फिर तेरा-मेरा प्यार क्या?''

''ठहरो-ठहरो!'' प्रभा उसकी पलकें उलटाकर देखती है, जीभ देखती है, ''प्रेम के सिम्पटम बोलो।''

''प्रभा, मुझे तुमसे वह हो गया है।'' गुलाटी दवाओं की डिटेलिंग करने लगता है, जिसके होने से हार्ट-बीट बढ़ जाता है, ''ये हरे कैपसूल हमारी कम्पनी ने हार्ट-बीट के लिए ही बनाए हैं। वह हो गया है, जिसके होने से वह साला क्या कान लाल होते हैं और माथे पर पसीना आता है। ये पीले कैपसूल उन्हीं के लिए...

''काफी सीरियस है।'' प्रभा कहती है, ''केबन में ही रहना, अच्छी तरह देखभाल करूंगी। वार्ड में जाने की जिद मत करना। अब बताओ रोए क्यों थे?''

''वह यूं कि...'' गुलाटी आंसुओं को न्यूट्रल गियर में डाल देता है, मैं सिर्फ बी० एस-सी हूं और मैडिकल रिप्रेंजेटेटिव हूं और तुम एम० बी० बी० एस० डॉक्टर हो। तुम मुझसे शादी कर लोगी क्या?

''हाय शादी की बात मत करो-मर जाने के दिन आए।'' प्रभा मैडिकल कॉटन रगड़कर गाल लाल कर लेती है, ''मैं डॉक्टर हूं और मुझे तीन सौ रुपए मिलते हैं। तुम्हें सात सौ मिलते हैं। तुमसे शादी करूंगी तो हमारी आय एक हजार रुपया हो जाएगी। किसी डॉक्टर से करूंगी तो छह सौ ही रह जाएगी। आओ, गाना गाएं...''

फिल्मी : ''प्यार हुआ इकरार हुआ...''

साहित्यिक : ''बूझत स्याम कौन तू गोरी....''

क्लासिकल : ''ऐंऽ-ऽऽऽऽऽऽ।''

''सुगम संगीत फिर गा लेंगे।'' गुलाटी ब्रीफकेस उठाकर चल देता है।

पन्द्रह

''तुम्हारा ब्रीफकेस क्या हुआ?'' प्रभा गुलाटी की नब्ज देखती है।

''कम्पनी वालों ने वापस ले लिया।'' गुलाटी वेईंग-मशीन पर खड़ा हो जाता है, ''पांच पौंड कम।''

''बात क्या हुई?'' प्रभा सिरिंज से अपना खून निकाल लेती है।

''होना क्या था,'' गुलाटी अपने दिल का ऑपरेशन कर देता है, ''मैं दवाओं की डिटेलिंग तुम्हारे पास करता रहा और दूसरे डॉक्टरों से मिलने की काल्पनिक रिर्पोट भेजता रहा। उनमें से दो डॉक्टर मर चुके थे। डायरेक्टर ने अब उन्हीं को अपनी फर्म का रिप्रेजेंटेटिव बना दिया है।''

''वैरी गुड! वैरी गुड! अब तुम मेरे कम्पाउंडर बन जाना।'' प्रभा उसे एपॉइंटमेंट-लेटर लिख देती है। ''या फिर कैमिस्ट की दुकान खोल लेना। हस्पताल की दवाएं, तुम्हारी दुकान पर ट्रांसफर कर दिया करूंगी। हम और भी अमीर हो जाएंगे।''

प्रभा के चेहरे पर योजना-भवन स्थापित हो जाता है।

मुहल्ला

पार्वती के मकान में नए किराएदार आए हैं। उसको उनके प्रति वैसी ही उत्सुकता है, जैसी किसी दुकानदार को दुकान पर लगे नए साइन-बोर्ड के लिए होती है।

दो ही जने हैं-पति-पत्नी नई-नई शादी हुई है शायद। पार्वती हैरान है। आखिर दो आदमियों को क्या आवश्यकता है इतने बड़े फ्लैट की। दो तो बेडरूम ही हैं और एक बड़ा-सा ड्राइंग-डाइनिंग। ये दो जने क्या करेंगे। इन तीन कमरों का! कहां-कहां पसर कर सोएंगे! तीनों कमरों के झाड़ू-पोचे के ही दस रुपए देने पड़ जाएंगे। कहीं ऐसा तो नहीं कि ये भी पिछले किराएदारें की तरह धोखा करें। पहले तो किराए पर फ्लैट लें, फिर उड़न कबूतर हो जाएं। वह भी कैसी बड़ी-बड़ी बातें करता था। कहता था, किसी नवाब का दामाद है। नवाब का दामाद न हुआ, नौटंकी का फरहाद हुआ। होगा न हरामजादा किसी नवाब का दामाद। पार्वती क्या करे उसका-न साले का अचार पड़े, न मुरब्बा। वह तो इतना ही जानती है कि वह कभी कमीन की औलाद था, कुतिया का बच्चा, मर्तबान की संतान। दो महीनों का किराया मारकर भाग गया। बड़ा आया नवाब का दामाद। सारा बाजार रोता है उस कोख को जिसने उसे जना। किसी के सौ रुपए लेकर गया किसी के दो सौ। बना फिरता था नवाब का दामाद। हरामखोर....

पर ये नए किराएदार। आदमी न हों, शब्दकोश हों। बड़ी-बड़ी बातें कर रहे थे अपनी शराफत की। पार्वती तो उन्हें अपने बाप के तब जाने, जब किराया समय से दे दें। किराए के मामले में तो शरीफ से शरीफ आदमी भी यों छिटकता है जैसे खसम की गोद

में रंडी।

वैसे शकल से शरीफ ही लगते हैं-पार्वती अपने आपको समझाती है-गऊ के गऊ, सीधे-सादे। पर गऊ भी कालीन पर फोस कर दे तो? फिर भी पति की सरकारी नौकरी है। वह देखेगी, किराया कैसे खा जाते हैं।

''वह उन्हें पुराने किस्से सुनाती है, ''वह कलमुंहा समझता था कि यह औरत जात क्या करेगी। मैंने कहा, टांगें चीर कर धर दूंगी। समझते क्या हो अपने आपको।''

अपनी पेंसिलों जैसी टांगें देखता हुआ किराएदार उठकर दूसरे कमरें में चला जाता है।

''भाई साहब कहां चले गए?'' वह दु:खी होकर किराएदारिन से पूछती है।

उसका मन गली की लंगड़ी कुतिया की तरह रोता है-हाय! इस देश का क्या होगा, जहां एक पुरुष नारी के मुख से टांगों की बात सुनकर भाग जाता है।

उसका हृदय राष्ट्रीय गीत गाने लगता है।

''दूसरे कमरे में गए हैं। कुछ याद आ गया होगा।'' किराएदारिन उसे समझा देती है।

''अजीब आदमी है।'' पार्वती का राष्ट्र-प्रेम मन, नींबू लगे दूध के समान फट जाता है।

दो

''यह औरत बहुत बदजबान है।'' पार्वती के जाने के बाद नया किराएदार मुंह में पालक के साग का-सा स्वाद लिए, अपनी पत्नी को समझाता है, ''इसे ज्यादा मुंह मत लगाना।''

''मुंह तो क्या, मैं इसे पैर से भी नहीं लगाती।'' पत्नी कहती है।

''घर ठीक करें?''

''हां, आओ।''

पति-पत्नी मिलकर अपने बक्स खोलते हैं। दो कपड़े निकालकर

वार्डरोब में टांगते हैं और दो बर्तन रसोई में रख आते हैं। बाकी बक्सों में किताबें ही किताबें नजर आती हैं। वे लोग सारी अलमारियों में और शो-केसों में किताबें सजा देते हैं। डाइनिंग-रूम में राइटिंग टेबल रख देते हैं। और उस पर किताबें ओर फाइलें ढेर कर देते हैं। किराएदार अपना टाइपराइटर लेकर मेज पर आ बैठता है।

''मैं लोगों को सूचना दे दूं कि हमने यहां शिफ्ट कर लिया है?'' वह पूछता है।

''उन्हीं को देना, जिन्हें देनी है।'' पत्नी कहती है, ''उन्हें मत देना जिनके कारण हमें यहां शिफ्ट करना पड़ा है।''

टाइपराइटर चलने लगता है और चिट्ठियां टाइप होकर ऐसे निकलती हैं, जैसे गेंहू पीसने की मशीन में से आटा झरता है।

पत्नी उस ढेर में से एक पत्र उठाकर पढ़ती है, जैसे चूल्हे पर चढ़े पुलाव में से एक दाना टोहकर उसके गलने का अंदाज लगा रही हो।

''क्या कर रहे हो तुम?'' वह कहती है, ''इस घर का नंबर एक सौ अठारह नहीं, अठारह सौ एक है। सबको गलत पता लिख रहे हो।''

''अच्छा!'' नारे लगाते विधार्थियों की भीड़ को देखकर मशीन बंद करते हुए बस-ड्राइवर के समान पति अपनी उंगलियां रोक देता है, ''मेरी फिंगर्स की मेमोरी बहुत कमजोर है। मैं जिंदगी-भर इससे परेशान रहूंगा। आज तक यही याद नहीं रह सका कि स्वयं को एक समझूं कि दो। तुम पता ठीक कर दो।''

तीन

''सूअर की बच्ची! कुतिया कहीं की! आगे से जबान चलाती है'' शर्मा, मिसेज शर्मा के गाल को थप्पड़ से सहला देता है, ''फिर बकवास की तो चमड़ी उधेड़कर बाटा को दे आऊंगा। जूते बनाकर एक्सपोर्ट कर दी जाएगी। कमीनी कहीं की! क्या समझकर अकड़ती है मेरे सामने, औरत न हो पांच सौ पौंड हवा-भरा टायर हो।''

''तुम अपने बाप के हो तो आज मुझे मार डालो!'' मिसेज

शर्मा तड़पकर उठ बैठती है और शहीदों के समान छाती तान देती है, ''मेरे बाप ने तुम्हें यह बनाया और तुम इस हरामजादी के पीछे मुझे पीटते हो। कुत्ते तुम हो, जिसकी किसी भी जवान लड़की को देखकर ख़राब वाशर वाले नल के समान लार चूने लगती है।''

''फिर बोली!' शर्मा प्यार के चांटे से मिसेज शर्मा के दूसरे गाल पर भी रूज लगा देता है।

''मार तो अब!'' मिसेज शर्मा, शर्मा के हाथ में, रीतिकालीन नायक के समान दंतक्षत देती है।

तीनों बच्चे जोर-जोर से रो बाप की अकल का मातम कर रहे हैं, ''हाय पापा। कुश्ती का मैच दिखाने से पहले लोगों से टिकट तो ले लो।''

''पूंजीवादी चालें नहीं चलेंगी। जनता पर टैक्स नहीं बढ़ने देंगे।'' मुहल्ले के चौधरी कहते हैं, ''टिकट लगाई तो बिना लाइसेंस के पहलवानी करने के लिए कमेटी से तुम्हारा चालान करवा देंगे।''

मिसेज शर्मा को झटककर पिछले दरवाजे से बाहर निकल जाता है और वह 'अभी न जाओ छोड़के' अंदाज में बैठी रहती है।

'इस हरामजादी से कौन उलझे!'- पिछली गली में शर्मा सोचता है।

चार

पार्वती अपने नए किराएदारों के फ्लैट में पहुंचती है।

नया किराएदार, झाड़े-पोछे ड्राइंगरूम-सा साफ सुथरा, सेंटर टेबल पैर रखे कोई पुस्तक पढ़ रहा है।

''आइए, आइए।'' वह अपने पैर फर्श पर रख, सोफे पर सजकर सेंटर टेबल पार्वती के बैठने के लिए खाली कर देता है।

''आज आप दफ्तर नहीं गए?'' पार्वती के गाल औरेंज-बार हो जाते हैं।

''हो आया हूं।'' किराएदार की आंखों में शराब की बोतल की जगह फिनायल की डिब्बा देख लेने का-सा भाव आ जाता है।

''अभी तो बारह ही बजे हैं और आप दफ्तर से हो भी आए

हैं।'' पार्वती के गाल चाक बार में बदल जाते हैं, ''अभी तो लोग पूरी तरह से गए भी नहीं।''

''मेरा आज एक ही पीरियड था।'' किराएदार कहता है, ''मैं अपने कॉलेज के दफ्तर में कह दूंगा कि मेरे टाइम टेबल की एक कॉपी आपको भी भेज दी जाए।''

''अच्छा!'' पार्वती की समझ में कुछ नहीं आता,'' बहनजी कहां हैं?''

''बेड-रूम में हैं। बुला दूं?'' किराएदार ऐसे पूछता है, जैसे बच्चा मां से गोल-गप्पे वाले को बुलाने की अनुमति चाहता है।

''नहीं! मैं ही भीतर चली जाती हूं।''

पार्वती उठती है तो किराएदार के पास सेंटर टेबल पर अपना एक मन छोड़ जाती है। शरीर को वह उठा ले जाती है। उसे उनका बेड-रूम देखने का भी शौक है और फिर पराए मर्द के पास अकेली औरत कितनी देर बैठ सकती है। अगली बार आएगी तो अपने पांचों बच्चों का दस्ता साथ लेकर आएगी-वह सोचती है।

ग्राहक के जाने के बाद चीजों को यथास्थान रखने के अंदाज में किराएदार अपने पैर फिर मेज पर रखकर पुस्तक पढ़ने लगता है और पार्वती बेड-रूम को औब्लाइज करने चली जाती है।

''बहनजी! सो रही हो क्या?'' वह हांक लगाती है।

''नहीं-नहीं! आइए।'' किराएदार की पत्नी आंखें मलती हुई पलंग पर उठ बैठती है।

पार्वती अपने अड़तीस वर्ष पुराने शरीर को ठेलती हुई ले जाकर धम्म से पलंग पर अनलोड कर देती है, ''भाई साहब क्या रोज ही इतनी ही देर के लिए दफ्तर जाते हैं?''

''नहीं तो!'' किराएदार की पत्नी पलंग के दर्द को जान उसे सहलाती हुई कहती है, ''आज उनका केवल एक ही पीरियड था।''

''अच्छा-अच्छा!'' पार्वती फिर कुछ न समझकर मामला रफा-दफा कर देती है, ''आपसे शर्मा की वाइफ तो नहीं मिली थी?''

''कौन शर्मा की वाइफ?'' किराएदार की पत्नी अपना अज्ञान

दिखा देती है।

''तो नहीं मिली अभी आपसे!'' पार्वती स्टार्ट हो जाती है, ''अरे, यही हमारे पड़ोस वाली। कुतिया है एकदम! गली-गली मारी फिरती है। अभी नहीं मिली आपसे। मिलेगी तो बहुत कुछ कहेगी आपसे मेरे बारे में। कुत्तों की तरह भौंकती रहती है, तभी तो शर्माजी इतना पीटते हैं उसे। पर वह कहां मानती है। अब भला आप ही बताओ, आपने कुछ देखा मुझमें ऐसा-वैसा?'' वह किराएदार की पत्नी को घूरने लगती है।

''कैसा?'' वह बेचारी हैरान होकर पूछती है।

''देखो तो हरामजादी मुझे यूं ही बदनाम करती फिरती है। कहती है कि इनके दोस्त मेरे पास आते है......''

''किनके दोस्त?'' किराएदार की पत्नी प्रश्न के बेलचे से अज्ञान की मिट्टी हटाती है।

''अरे, इन्हीं के, गुड्डी कि डैडी के।'' पार्वती की जीभ ट्यूबवैल की तरह सूचनाएं उलीचने लगती है, ''वे जर्मनी गए हुए हैं न। तो पीछे अपने एक दोस्त से कह गए थे कि वे हमारी देखभाल करते रहें। अब मैं अकेली औरत हूं। कहां-कहां ठोकर खाऊंगी। बच्चे हैं। घर है। इनकी देखभाल करनी पड़ती है। तो उनके दोस्त, गुड्डी के अंकल आ जाया करते हैं। और यह हरामजादी शर्मा की बीवी मुझे बदनाम करती है कि मैं गुड्डी के अंकल के साथ घूमती हूं। मुझे यह सब ही करना था तो मैं गुड्डी के डैडी को जर्मनी क्यों भेजती।''

''वैसे क्या बताऊं आपको। शर्मा ने एक रंडी रखी हुई है। इनके घर रोज मार पीट होती है। मार पीट तो आदमी-औरत में होती ही है। अब गुड्डी के डैडी मुझे नहीं मारते थे क्या? एक दिन नहाकर आए। कमीज का बटन टूटा हुआ था। बस एकदम नाराज हो गए। खींचकर मुझे एक चांटा रसीद कर दिया। मेरा डब्बू मेरे पास खड़ा था। एकदम लिपट गया इनसे। कहने लगा, 'खबरदार डैडी, जो मेरी मम्मी को मारा।' इन्होंने छोड़ दिया। हंस पड़े। बोले, 'अब तेरा बचाने वाला भी आ गया है।' अब आप बताइए कि इसमें कोई बुरी बात है?'' पार्वती का ट्यूबवैल आंखों के रास्ते भी चलने

लगता है।

"किस में?" किराएदार की पत्नी फिर पूछती है।

बड़ी कूढ़ मगज है-पार्वती मन में सोचती है-आजकल की सब पढ़ी-लिखी लड़कियां एक सी ही होती हैं क्या?

"अजी, अपने घरवाले के हाथ मार खाने में?" वह पूछती है।

"जी, मैं क्या...."

और पार्वती फिर स्टार्ट हो जाती है, "आपको पता नहीं है आपसे पहले जो किराएदार यहां था, अरे वही नवाब का दामाद। बेटी... वह भी बहुत मारता था, अपनी घरवाली को। पर वह भी ऐसे मार नहीं खाती थी। दोनों पहले बैठकर शराब पीते थे। फिर अंग्रेजी में गिटपिट करते थे, फिर गालियां देते थे। वह मारधाड़ होती थी कि दारा सिंह क्या करता होगा। मैंने कहा, 'भाई साहब.....' और अब सामने वाली मिसेज खन्ना कहती हैं कि उसने आज तक अपने घरवाले से मार ही नहीं खाई। झूठी, हरामजादी....."

पांच

मिसेज खन्ना, मिसेज शर्मा से बहुत नाराज बैठी है। अच्छा है पिटती है साली। शर्मा को चाहिए, मार-मारकर इसका कचूमर निकाल दे। खाल उधेड़कर, उसकी रजाई बनाकर दान कर दे....

....बेबी गई थी उसके घर तो पूछ रही थी, "बेबी, तेरे पापा जब से टूर पर गए हैं, कभी चिट्ठी लिखी है उन्होंने तेरी मम्मी को?"

"नहीं, आंटी। अभी तो कोई चिट्ठी नहीं आई।" बेबी घर की खबरें बहुत लीक करती है।

"लिखेंगे कैसे! मां तेरी पढ़ना भी तो जाने!" मिसेज शर्मा ने कहा था।

कमीनी औरत-मिसेज खन्ना सोचती है-बिल्कुल बिल्ली है हरामजादी। जरा किसी का किया भला याद नहीं रखती। बड़ी आई पढ़ाको मौसी। जैसे सारी दुनिया की विद्या इसके पेट में समा गई हो। चौथी पास है नहीं साली! बातें कैसी करती है!

उस दिन जब पार्वती ने इनकी इन्हीं बातों से तंग आकर अपना

मकान खाली कर देने के लिए कहा था तो कैसे दोनों मियां-बीवी आकर खन्ना साहब के पैरों के स्लीपर हो गए थे। तब खन्ना साहब ने वर्मा साहब पर दबाव डालकर उन्हें यह मकान दे दिया था। नहीं तो कौन देता उसे मकान। उधर मुहल्ले के नेपाली चौकीदार की झुग्गी के पास झोंपड़ी बनाकर रहना पड़ता तो अकल आ जाती साली पढ़ी-लिखी को।... रख लेती अपनी झोपड़ी का नाम इंटरनेशनल कॉटेज.....

''मम्मी! मम्मी!'' बेबी बाहर से आती है।

''क्या है?'' मिसेज खन्ना पूछती हैं।

''मम्मी, देखो न! शर्मा आंटी के बच्चे हमारे लैटर-बॉक्स में यह चिट्ठी डाल गए हैं।''

''किसकी चिट्ठी है?''

''शर्मा आंटी के बच्चों ने लिखी है, मम्मी! बेबी बताती है।

''डाकिए हैं साले! क्या लिखा है?'' मिसेज खन्ना के भीतर जिज्ञासा बासी कढ़ी के समान उबलती है।

''लिखा है कि तुम लोग पांच बार हमारे फ्रिज की बर्फ लेकर गए हो। फ्रिज तुम्हारे बाप का नहीं, हमारे बाप का है। उसके आठ आने पैसे दे जाओ!''

''तुम लोग भी एक चिट्ठी लिखकर उसके लैटर-बॉक्स में डाल आओ!''

मिसेज खन्ना डिक्टेट करती हैं, ''हमने तुमको तीन बार चाय पिलाई है, भुखमरो! अपनी अठन्नी काटकर हमारे ढाई रुपये दे जाओ।''

छह

मुहल्ले भर में शोर है कि पार्वती को जर्मनी से पत्र आया है। बच्चों ने गली में घोषणा की है, हमारे डैडी की जर्मनी से चिट्ठी आई है। उन्होंने बहुत अच्छी हैंडराइटिंग में लिखा है, ''मेरी प्राण-प्यारी पार्वती! तुम वहां चिन्ता मत करो। मैं बहुत जल्दी तुम्हें यहां बुला लूंगा। बच्चों को लेकर तुम आ जाना। मैं इंतजाम कर रहा हूं। तुम वहां बच्चों को स्कूल में डाल दो। उनकी पढ़ाई अच्छी

तरह होनी चाहिए, क्योंकि यहां के स्कूलों की पढ़ाई बहुत अच्छी तरह होती है। तुम भी अच्छी तरह अंग्रेजी पढ़ लो। तुम जब तक अंग्रेजी नहीं पढ़ोगी, तब तक तुम यहां नहीं आ सकतीं। तुम मुझको अंग्रेजी में पत्र लिखो, ताकि मैं समझ सकूं कि तुम्हें अंग्रेजी आ गई है और तब मैं तुम्हें यहां बुला लूं।......''

सारे मुहल्ले का मालूम है कि पार्वती की चिट्ठी सोमवार और बृहस्पतिवार को मिलती है। डाकिया भी सारी गली के घरों के लैटर-बॉक्स में चुपचाप चिट्ठियां डालकर चल देता है, पर मंदिर के सामने से गुजरते हुए थोड़ा-सा माथा जरूर झुकाता है और पार्वती के नाम की चिट्ठी डालते हुए, गंडेरियों वाले के समान जोर की हांक अवश्य लगाता है, ''चिट्ठी ले लो!''

और फिर सारी गली में बच्चों का शोर सुना जा सकता है, ''मम्मी, डैडी की चिट्ठी आई है।''

पार्वती क्विक की लाल रोशनाई के समान सुर्ख होती हुई नए किराएदार की पत्नी से कहती है, ''बहनजी! मेरे बच्चे मुझे दो ही बातें से चिढ़ाते हैं। एक तो कहेंगे-मम्मी, डैडी की चिट्ठी आई है, दूसरे कहेंगे-मम्मी, अंकल आए हैं। जो इनके दोस्त हैं! जो इनके पीछे से हमारी देखभाल करते हैं.......''

किराएदार की पत्नी अपने पति से कहती है, ''यह बुढ़िया मुझे अपने इश्क के किस्से सुनाने आती है।''

सात

गुणवंती नए किराएदार के दरवाजे पर दस्तक देती है, ''बहनजी! बहनजी!!''

किराएदार की पत्नी निकलकर देखती है। वह गुणवंती को चेहरे से पहचानती है। यह औरत पार्वती के मकान की दूसरी मंजिल पर रहती है।

इस वक्त क्या मुसीबत आ गई?-किराएदार की पत्नी सोचती है-यह बयालीस वर्ष की बुढ़िया भी मुझे बहनजी ही कहती है।

''बहनजी! आप जरा ऊपर चलें।'' गुणवंती की आवाज बरसाती मेंढक जैसी तेज है।

''क्या बात है?'' किराएदार की पत्नी मेंढक से बहुत डरती है।

''हमारी लाडो बीमार है।'' गुणवंती भजन गाती है, ''भगतजी यहां हैं नहीं, टूर पर गए हैं। आप जरा देखिए, लाडो को कितना बुखार है।''

''आपने थर्मामीटर लगाया?'' किराएदार की पत्नी उबासी लेती है।

''मुझे थर्मामीटर देखना नहीं आता।'' गुणवंती कहती है, ''मैं पढ़ी-लिखी नहीं हूं। भगतजी बहुत पढ़े-लिखें हैं, वे थर्मामीटर भी पढ़ लेते हैं। पर वे तो यहां हैं नहीं.....''

थोड़ी देर में किराएदार की पत्नी नीचे आकर किराएदार को ऊपर ले जाती है, ''जी, जरा देखिए तो सही! मेरी तो समझ में कुछ नहीं आता!''

किराएदार लाडो को थर्मामीटर लगाता है। बुखार थर्मामीटर में भरता जाता है-एक सौ चार। वह नजर उठाकर गुणवंती की ओर देखता है। गुणवंती की आंखों में आंसू सार्वजनिक संडास के खुले नल के समान बह रहे हैं। लाडो अपनी मां के आंसू देखकर चीखों का संगीत देने लगती है।

''बहुत बुखार है क्या?'' गुणवंती पूछती है।

''एक सौ है।'' किराएदार कहता है।

वह थर्मामीटर अपनी पत्नी को पकड़ाता है।

''मैं डॉक्टर के पास जा रहा हूं । तुम यहीं बैठो।'' वह चला जाता है।

आठ

गुड्डी के अंकल पार्वती के पास आए बैठे हैं। उनका स्कूटर बाहर खड़ा है। सब लोग पहचानते हैं कि यह स्कूटर किसका है।

''पार्वती! बच्चे कितने बजे सोएंगे?'' अंकल बच्चों की देखभाल करते हैं।

''काफी रात हो गई।'' पार्वती कहती है, ''बच्चे अब सोने ही

वाले हैं, उन्हें नींद आ रही है। तुम अभी घर जाओ।''

''अच्छा!'' अंकल अपनी जगह से हिलते नहीं हैं।

''जाते क्यों नहीं!'' पार्वती के गालों के सफेद शलजम लाल हो जाते हैं, ''जो काम तुम्हें करना था वह हो गया और इतनी रात तुम्हारा स्कूटर बाहर खड़ा सब देखते हैं। उसे किसी नजर लग गई तो?''

''जो काम मैं करने आया था, वह बच्चों के जागते हुए नहीं हो सकता।''

अंकल कहते हैं, ''और स्कूटर कहो तो अंदर रख दूं?''

''नहीं! बाहर ही रहने दो।'' पार्वती कहती है, ''बाहर खड़ा है तो यह तो लगता है न कि तुम लौटने वाले हो। भीतर कर दिया तो लोग तुम्हें लौटता देखने के लिए मेरे लिए घर के सामने तम्बू गाड़कर सड़क खराब कर देंगे।''

दोनों चुप हो जाते हैं।

पार्वती के मन में बच्चों के प्रति खीज सीढ़ियां चढ़ती जाती है।

अंकलजी का मानसिक तनाव देश की आबादी की तरह बढ़ रहा है।

मातृभक्त बच्चे मां की इच्छा का सैनिक सम्मान करते हुए एक-एक करके सोने लगते हैं।

खन्ना साहब, मिसेज खन्ना को अपने गेट पर से दिखाते हैं, ''देखो बत्ती बुझा रखी है और भीतर साले ऐश कर रहे हैं। वह साला यहीं है गुड्डी का अंकल। उसका स्कूटर बाहर खड़ा है। मुहल्ले में बदमाशी बढ़ रही है।''

''तुम्हें क्या पड़ी है, जो जासूसी करते हो!'' मिसेज खन्ना कहती है, ''जब पार्वती ही उसे अंकलजी को सौंप गया है, तो वह उसकी देखभाल क्यों न करे! तुम चाहोगे भी तो वह तुम्हें अपनी देखभाल करने नहीं देगी।''

''तुम बकवास बंद करो। मुझे क्या करना है उस बूढ़ी फाफा का!''

खन्ना साहब भीतर चले जाते हैं और मिसेज खन्ना के भीतर जाते ही, फिर बाहर आकर अपने गेट पर संतरी ड्यूटी संभालकर अंकलजी के स्कूटर को घूरने लगते हैं।

नौ

नया किराएदार टैक्सी की गोद में बैठा लौटता है।

गुणवंती लाडो क़ो गर्म कम्बल में लपेटती है। किराएदार लाडो को गोद में उठाकर नीचे उतरता है। किराएदार के साथ उसकी पत्नी भी टैक्सी में बैठती है। गुणवंती लाडो को अपनी गोद में ले लेती है और टैक्सी चल पड़ती है।

डॉक्टर थर्मामीटर लगाता है और लाडो तथा गुणवंती रोने लगती हैं।

"आप रोएं नहीं।" किराएदार रूमाल से अपने आंसू पोंछता है।

"इंजेक्शन लगा दूं?" डॉक्टर पूछता है।

"डॉक्टर साहब को भी थर्मामीटर से बुखार का पता नहीं चला न जो अब इंजेक्शन लगाकर देखेंगे।" गुणवंती किराएदार की पत्नी से कहती है, "हमारे भगतजी थर्मामीटर से बुखार जान लेते हैं।"

"डॉक्टर आप हैं।" किराएदार डॉक्टर से कहता है, "जरूरी समझें तो अवश्य लगा दें।"

"बच्ची का कपड़ा नीचे कर दें।" डॉक्टर अपनी आंखें मेडिकल कॉटन से पोंछता है।

गुणवंती के शरारती बच्चे की सीटी के समान अनायास ही चीख निकल जाती है, "आप ही इसे संभाले, भाई साहब! मुझसे यह सब नहीं होगा। मैं इंजेक्शन नहीं लगवा सकती। आप भगतजी को तार देकर बुलवा लें। मुझसे नहीं होगा......"

"मैं आपको इंजेक्शन नहीं लगाने लगा।" डॉक्टर को रोते-रोते हिचकी आने लगती है। अपने कम्पांउडर की ओर देखकर वह कहता है, "पानी!"

किराएदार लाडो को संभालकर इंजेक्शन लगवाता है।

टैक्सी घर के बाहर आकर रुकती है तो बहुत सारे लोग गांव के बच्चों के समान घिर आते हैं। खन्ना और मिसेज खन्ना आ जाते हैं। सामने से जलोटा, उसकी पत्नी और बच्चे आ जाते हैं। गुप्ता साहब की आया मरिया आ जाती है। पार्वती अंकलजी को विदा करने के लिए बाहर खड़ी थी, वह भी मिल जाती है।

''क्या हुआ?''

''क्या हुआ??''

''क्या हुआ???''

''ओह की होया????''

बहुत सारी जिज्ञासाएं मक्खियों के समान भिनभिनाती हैं।

''लाडो बीमार है।'' किराएदार सबको एक ही जवाब देता है।

''कितना बुखार है?'' जलोटा साहब पूछते हैं।

गुणवंती अपनी मुट्ठी में पकड़ी रूमाल खोलकर उसमें से लाडो को लगाया गया थर्मामीटर निकालकर उसे पकड़ा देती है।

''आपसे हमारा परिचय नहीं हुआ।'' खन्ना साहब पार्वती की ओर देखते हुए नए किराएदार से कहते हैं।

''जी, मैं सेठी हूं।'' किराएदार अपने नाम से कटाया हुआ डॉक्टर का बिल उन्हें दे देता है, ''यूनिवर्सिटी में पढ़ाता हूं।''

''आपसे मिलकर बहुत खुशी हुई, प्रोफेसर साहब!'' जलोटा अपने दांत दिखाकर, जेब से बेबी टूथ-ब्रश निकालता है और दांत साफ करने लगता है।

''मैंने घड़ी से अलार्म लगा दिया है।'' सेठी गुणवंती से कहता है, ''जब अलार्म बजे आप लाडो को दवा दे दें।''

''या जब दवा दूं तो अलार्म बजा दूं?'' गुणवंती पूछती है।

दस

''पार्वती तो वेश्या हो गई है बेशरम।'' खन्ना अपने घर में घुसता हुए कहता है, ''आगे वह मारिया ही कम थी। अब तो वह कोने वाली कोठी के नौकर की बेटी के भी पर निकल रहे हैं। पर यह साली तो बहुत बेशरम हो गई है। नौ बजे बत्ती बंद कर दी और साढ़े दस बजे अपने खसम को विदा कर रही थी। हरामजादी

कुतिया......!''

''बड़ी बेवकूफ औरत है यह गुणवंती।'' सेठी अपनी पत्नी से कहता है, ''यह अपनी बच्ची को कैसे संभालेगी! बूढ़ी हो गई पर थर्मामीटर तक इसे देखना नहीं आता। घड़ी में टाइम भी नहीं देख सकती और वह भगत चल दिया है टूर पर....''

''तुम भगत को तार दे ही दो।'' उसकी पत्नी कहती है।

''वह तो मैं कल दे दूंगा। पर तार पहुंचने में और उसके वापस लौटने में कुछ देर तो लगेगी ही न। तब तक क्या होगा?'' कितने भक्ति-भाव से कहती है, भगतजी को तार दे दो .... भगतजी जैसे टूर पर न गए हों, तीर्थ करने गए हों......''

''यह प्रोफेसर अच्छा आदमी लगता है।'' जलोटा अपनी पत्नी से कहता है, ''लाडो को डॉक्टर के पास ले गया। दवा ले आया। पर यह गुणवंती अजीब औरत है। हम बरसों से यहां रह रहे हैं और यह चली गई प्रोफेसर को बुलाने। हमने भी आखिर बच्चे पालकर बड़े किए हैं, हमसे तो सलाह ले लेती। और यह पार्वती! इसे तो अपने खसमों से ही फुरसत नहीं है।''

''तुम्हें क्या तकलीफ है?'' जलोटा की पत्नी पूछती है।

''तकलीफ क्यों नहीं है!'' जलोटा गुस्से में कहता है, ''हमारे होते हुए वह मुहल्ले के बाहर से मर्द इम्पोर्ट करे, यह हमारी साफ-साफ इंसल्ट है।''

''बकवास मत करो!'' जलोटा की पत्नी के स्वर में क्रोध एकदम नहीं है।

ग्यारह

पार्वती मिसेज सेठी के पास धरना दिए बैठी है।

''क्या बताऊं?'' बहनजी। वह बता रही है, ''बड़े गुस्से वाले हैं ये गुड्डी के अंकल। अरे, वही इनके दोस्त! जो इनके पीछे से हमारी देखभाल करते हैं। रात मुझसे लड़कर गए थे। सोचा था, अब कभी नहीं आएंगे। सुबह होते ही फिर आ गए। मैंने पूछा, 'अब क्यों आ गए?' तो कहने लगे, 'बस आ गए। तुम्हारे बिना दिल नहीं

लगता।' बच्चों से तो उनका ऐसा दिल लग गया है कि आए बिना रह नहीं सकते।''

मिसेज सेठी चुपचाप उसे देखती रहती है।

''अच्छा बहनजी! मुझे जरा अंग्रेजी पढ़ा दो न। तुम तो पढ़ी-लिखी हो। मेरा तो कल से दिल कांप रहा है।'' पार्वती कहती है, ''इन्होंने......अरे, गुड्डी के डैडी ने जर्मनी से चिट्ठी में लिखा है, तुमने यदि अंग्रेजी नहीं पढ़ी तो तुम्हें कभी जर्मनी नहीं बुलाऊंगा। मैं तो पछता रही हूं उन्हें भेजकर। मुझे क्या पता था कि यह मुसीबत मेरे सिर आएगी।'' वह एक क्षण रूककर कहती है, ''मर्द घर पर न हो तो लोग बदनाम करने लगते हैं। मेरी तो अपनी सास बदनाम करने लगी, इस कलमुंही मिसेज शर्मा के साथ मिलकर। कहने लगी कि तूने गुड्डी के अंकल को खसम बना लिया है। मैंने कहा, 'अम्मा! अपनी बहू के बारे में ऐसी बात मुंह से नहीं निकालनी चाहिए और जब निकाली है तो भोग।' मैंने अपनी सास को भी गांव भेज दिया ओर मिसेज शर्मा से भी मकान खाली करवा लिया। ये हमारे किराएदार थे न पहले। और फिर गुड्डी के डैडी को चिट्ठी में भी लिख दिया सब-कुछ..... तो आप अंगेजी पढ़ा देंगी मुझे?''

''आप अंग्रेजी पढ़ना क्यों चाहती हैं?'' मिसेज सेठी पूछती हैं।

''अब देखो न। उन्हें तो पत्र भेज दिया जर्मनी।'' पार्वती कहती है, 'अब बच्चे यहां मुझसे संभलते नहीं। मेरी तो जान आफत में आ गई है। बच्चों की पढ़ाई के लिए मैं अकेली यहां रही, मुझे तो वे मार ही डालेंगे। उन्हें जर्मनी क्या भेज दिया, मेरा तो जीवन ही वीरान हो गया।'' पंक्चर टयूब में से हवा निकलने के समान पार्वती के फफकने का स्वर होता है, ''अब वे कहते हैं कि मुझे बुलाएंगे ही नहीं। मुझे अंग्रेजी नहीं आती तो क्या करूं। मेरा क्या दोष ? हाय! ऐसे तो वे मुझे छोड़ ही देंगे।''

''रोइए मत।'' मिसेज सेठी कहती हैं, ''आप अंग्रेजी क्यों पढ़ना चाहती हैं? जर्मनी में तो कोई अंग्रेजी समझता ही नहीं, वहां तो लोग जर्मन बोलते हैं। अंग्रेजों के गुलाम हम रहे हैं, वे नहीं।''

''अच्छा!'' पार्वती खुश हो जाती है, ''तो वे मेरे साथ मजाक

कर रहे होंगे। बड़े मजाकिया हैं वे। अब आएंगे....."

"मैंने भी सुना है।" मिसेज सेठी बात टाल जाती हैं।

"क्या?"

"कि वे मजाकिया हैं।"

"अरे बहनजी!" पार्वती बड़ी सतर्क आवाज में कहती है, "यहां सावधान रहना। सुनी-सुनाई बात पर विश्वास मत करना। यह मुहल्ला तो बहुत ही खराब है। गुणवंती से तुम होशियार ही रहना।"

"क्यों, क्या बात है?" मिसेज सेठी पूछती हैं।

"बात क्या है, उसकी नजर तुम्हारे घरवाले पर है। और यह मुहल्ला तो है ही रंडियों का। यह तुम्हारा बगल वाला मकान है न। अरे, यही शर्मा वाला।"

"हां-हां!" मिसेज सेठी कहती हैं।

"उसमें पहले एक आदमी रहता था। क्या भला-सा नाम था-कबूतरा या कबूतर। रोज उसके घर में एक नई औरत होती थी। मैं हैरान कि यह मामला क्या है। जिससे पूछो, 'तुम कौन?' वही कहे, "मैं इनकी घरवाली।' मैं समझ गई। मैंने सब मुहल्ले वालों से कहा, 'एक हो जाओ।' मुहल्ले वाले जमा हो गए। एक दिन रंगे हाथों पकड़ा गया कबूतरा। निकाल कर बाहर किया।

"और वह मकान शर्मा के पास है। शर्मा ने भी एक रंडी रखी हुई है। उसी के पीछे रोज मार-पीट होती है। आपकी तो कमाल की नींद है। रात-भर आराम से सोती रहीं। आप नहीं तो यह सारा मुहल्ला जाग गया था। शर्मा वैसे तो अच्छा करता है। इस हरामजादी को पीटता है। पर वह बेटी..... इसको इसी तरह पीटता रहा, तो यह किसी दिन किसी और के साथ भाग जाएगी...... हां, वैसे आप इससे भी बचकर रहिएगा।"

"ग्रामोफोन का घिसा हुआ रिकार्ड।" पार्वती के सीढ़ियां उतर जाने के बाद मिसेज सेठी कहती हैं।

बारह

गुणवंती का कीर्तन चल रहा है।

''अच्छा, मेरे बच्चे का हाल पूछने आई। अरे, मैं कहती हूं कीड़े पड़ेंगे, कीड़े। इससे अच्छा था न आती हाल पूछने। सिर्फ तुम आई, पार्वती। और कोई आया ही नहीं। या फिर आए तुम्हारे बच्चे. ....''

''क्या बात है?'' सेठी अभी सोकर उठा था और नाइट-सूट में ही लाडो का हाल पूछने ऊपर चला आया था।

''होना क्या है, भाई साहब। यही पार्वती थी और कौन आया यहां।'' वह अलाप लेती है।

''आप जरा धीरे बोलें।'' सेठी अपनी बुशर्ट फाड़कर दोनों कानों में ठूंस लेता है, ''बीमार बच्चे के पास इतनी जोर से नहीं बोलना चाहिए।''

''ठीक है।'' गुणवंती धीरे से कहती है और फिर खराब रेडियो के समान उसका वौल्यूम अपने आप ऊंचा हो जाता है, ''पचीस रुपए थे पूरे। चांदी के नहीं, कागज के थे, पर फिर भी हजम नहीं होंगे। मेरा क्या है, मैं तो सह जाऊंगी। पर यह कोई अच्छी बात तो नहीं है।''

''आप कैसे कहती हैं कि पैसे उन्होंने चुराए हैं?'' सेठी कहता है, ''कोई और भी तो आया हो सकता है। रात को इतने लोग थे। मैं भी था। सवेरे आपका दूध वाला भी आया था। मैं भी आया हूं। हो सकता है मैंने ही चुराए हों।''

''अरे, नहीं भाई साहब। आप तो मजाक करते हैं।'' गुणवंती के भजन में आरोह आ जाता है, ''मैंने अपने छोटे बटुए में पचीस रुपए डालकर यहां मेज पर रखे थे। और कोई नहीं आया। और किसी को चोरी की आदत भी नहीं है। यह पार्वती या उसके बच्चों में से ही किसी ने उठाए हैं। बच्चे की तबियत पूछने के बहाने मेरे पचीस रुपए चुराकर ले गई। हद है। अब आए तो कोई, न टांगें तोड़ दीं तो। और किराया भी नहीं दूंगी। इसे इस महीने। देखती हूं कैसे लेती है....।''

''मैं डॉक्टर से दवाई ले आऊं।''

गुणवंती की आवाज नीचे नहीं उतरती, सेठी घबराकर नीचे उतर जाता है।

तेरह

''मोची ....ई......ई......ई।''

गली में मोची की सवारी जा रही है।

''पानी पीओगे, भैया जी?'' गुप्ता की आया मरिया अपने बरामदे में खड़ी पूछती है, ''ठंडा है फ्रिज का।''

''नहीं!'' मोची आगे बढ़ जाता है। वह नया है शायद। अभी मरिया के महत्त्व को नहीं जानता।

''न सही!'' मरिया मुंह बनाती है। वहीं पैरों के भार उकड़ूं बैठ जाती है और अंजली में बोतल का पानी उडेलकर पीने लगती है।

''सूअर की औलाद!'' अब मिसेज जलोटा अपने गेट पर से दांत पीस रही है। उसे मरिया हमेशा से अपने बड़े लड़के के लिए खतरा लगती रही है।

''सब्जी वाले भैया!'' मरिया बोतल रखकर खड़ी हो जाती है, ''कल सब्ज़ी तुम खराब दे गए। मेम साहब नाराज हो रही थी। ऐसा मत किया करो, भैया। ऐसा तो ठीक नहीं है।'' वह फिर से हंस देती है।

सब्जी वाला साइकिल के पीछे बंधी टोकरी में पड़े गोभी के फूल की तरह खिल उठता है, '' तुम्हें मैं खराब सब्जी नहीं देता, आयाजी! ऐसा मजाक करके मेरा दिल मत तोड़ो।''

''अच्छा जाओ, जाओ। मजाक नहीं करता।'' मरिया कहती है, ''पानी पियोगे? ठंडा, फ्रिज का?''

''पिला दो!'' सब्जी वाला अपने दांतों की वैसे ही प्रदर्शनी करता है जैसे डेंटिस्ट के शो-केस में दांतों का सेट पड़ा हुआ होता है।

मरिया पानी की बोतल लेने भीतर चली जाती है।

चौदह

मिसेज शर्मा, मिसेज सेठी से जान-पहचान करने आई है।

''आप नहीं जानती, बहनजी।'' वह कहती हैं, ''आप सेठी साहब को तो बचाकर ही रखें इस पार्वती से। अरे, इसका क्या है, इसे तो मर्द चाहिए और फिर सेठी साहब इतने सुन्दर हैं।'' ठूंठ पर सूर्य की डूबती किरणों के समान उसके मुख पर शरम आ जाती है।, ''क्या बताऊं आपको! इसका कोई ठिकाना नहीं है। चौकीदार है न वह दूसरे ब्लॉक वाला। वह आता है इसके पास। इसकी बत्ती काफी देर तक जलती है। वह रात को आ जाता है। घंटे भर इसकी चौकीदारी करने के बाद चला जाता है। इसकी देख-भाल करने आता है। इसे जिस चीज की जरूरत होती है, दे जाता है। आदमी इसका परदेस में है, तो जरूरत तो होगी ही न! पर कुछ सोचना तो चाहिए इसे। एक चौकीदार। छि:-छि:। लानत है। यह औरत है। कुतिया भी कुत्ते को देख-भाल लेती है। यह तो......''

''आपके मकान के बारे में कह रही थी एक दिन........'' मिसेज सेठी धीरे से गुनगुनाती है।

''हां, पहले यहां रहता था कोई।'' मिसेज शर्मा कहती है, ''उसके यहां रंडियां आती थीं। उससे मकान खाली करवा लिया गया। अजी, इसमें मकान का क्या दोष है। हम वहां रहेंगे तो क्या खराब हो जाएंगे? कोई पेड़ पर रहेगा तो लंगूर हो जाएगा क्या? वह तो ऐसे ही रोज नियम से बकवास करती है। आदत है। उसकी। आप आइए न कभी हमारे घर।''

''आऊंगी।'' मिसेज सेठी कहती है, ''मैं अभी तो किसी को जानती भी नहीं।''

''मैं सबसे मुलाकात करवा दूंगी आपकी।'' मिसेज शर्मा कहती है, ''आप आइए तो! यहां तो एक से एक लोग हैं। मुहल्ले में कुछ बड़े खराब लोग भी आ गए हैं। वह कोने वाली कोठी है न! वहां एक अकेला है मुस्टंडा। रोज कार में किसी-न-किसी लड़की को लेकर आ जाता है। शराब भी इतनी पीता है। क्या बताऊं, आजकल तो लड़कियों का भी दिमाग खराब हो गया है। किसे क्या दोष दें। पीछे पड़ जाती हैं। न जात देखें, न पात। न ब्याहा, न कुआंरा.....''

''कोने वाले मकान में तो कोई घटिया-सा आदमी रहता है।''

मिसेज सेठी कहती है।

"अजी, कहां!" मिसेज शर्मा अपनी आवाज को पांच सौ पौंड वजन से दबाकर कहती है, "वह तो नौकर है। एक बेटी भी है उसकी। दोनों बाप बेटी मालिक की सेवा करते हैं। वह तीन सौ रुपए देता है इसको। आप ही देखें लड़की की जवानी कपड़े फाड़ रही है। भला कुंआरी लड़की का ऐसा शरीर कहां। जब मालिक की उसको जरूरत नहीं होती, तो छत पर खड़ी गली में आने-जाने वालों से आंखें लड़ाती रहती है। बाकी समय तो उसके बेडरूम में ही घुसी रहती है।"

पन्द्रह

"हाय, मेरी बच्ची!" गुणवंती रो रही है, "तुझे क्या हो गया! हाय क्या होगा? भगतजी मुझे जीता नहीं छोड़ेगे। ओ मेरी बच्ची.. ..."

"चुप कर न!" लाडो आंखें खोलकर धीरे से झिड़कती है और आंखें बंद कर लेती है, जैसे आंधी के झोंके से खिड़की खुले ओर फिर फटाक से बंद हो जाए।

गुणवंती के स्वर में बनौंल की ठंडक का-सा उत्साह आ जाता है, "तू बोली, मेरी बच्ची। कैसा जी है तेरा, लाडो?"

"चुप कर!" लाडो धमकी देती है, "ऐसे परेशान करेगी तो मैं मर जाऊंगी।"

"नहीं, लाडो! नहीं।" गुणवंती के चेहरे पर सियार के ब्याह की-सी धूप भी है और रिमझिम भी।

"क्या हाल है लाडो का?" सेठी पूछता है। वह भयभीत चूहे-सा अभी ऊपर आया है।

"ठीक है। आप ही देख लो, भाई साहब!" गुणवंती कहती है, "मुझे तो कुछ भी समझ में नहीं आया।"

"रात को ठीक से सोई लाडो? "सेठी पूछता है।

"यह सो जाती थी तो मैं घबरा जाती थी।" गुणवंती कहती है, "मैं रात-भर इससे बातें करने की कोशिश करती रही।"

"मम्मी मुझे सोने नहीं देती।" लाडो शिकायत करती है।

''बीमार बच्चे को आराम की जरूरत होती है।'' सेठी कहता है, ''उसे सोने दें। दवाई दे रही हैं?''

''हां जी।'' गुणवंती पूछती है, ''आपने भगतजी को तार दे दिया था?''

''सिंगल या डबल?''

''डबल!''

''क्या लिखा था?''

''लिखा था, लाडो बीमार है, जल्दी आ जाएं।''

''अच्छा भाई साहब, देखा आपने!'' गुणवंती का 'लीजिए फिर सुनिए' कार्यक्रम आरंभ होता है, ''कैसे चोर हैं यहां के लोग। पार्वती ने अभी तक मेरे पचीस रुपए नहीं लौटाए। सारी दुनिया जानती है उसके बच्चों को चोरी की आदत है। मैं कहती हूं, कीड़े पड़ेंगे.....''

''बीमार बच्चे के समान चिल्लाएं नहीं।'' सेठी उसका स्विच ऑफ कर देता है।

सोलह

पार्वती के घर सवेरे से दूसरे ब्लाक के चौकीदार की डयूटी लगी हुई है।

''प्रभुदयाल!'' बच्चे पूछते हैं, ''मीट लाए?''

''हां लाया हूं।'' चौकीदार मीट वाला लिफाफा पार्वती को देता है, ''बीबी जी! मीट बनाओ।''

''आज मीट बनेगा।'' चिल्लाते हुए बच्चे गली में भाग जाते हैं।

''प्रभुदयाल!'' पार्वती कहती है, ''राशन भी लाना है और आटा भी पीसना है।''

''क़र दूंगा।'' प्रभुदयाल कहता है, ''दिन में बच्चे सो जाएंगे कि रात को फिर आना पड़ेगा।''

''बच्चों को खेलने भेज दूंगी।'' पार्वती कहती है, ''पहले जो कहा है, वह कर।''

प्रभुदयाल हंसता है, ''अच्छा, राशन कार्ड दे दो, बीबीजी!''

वह राशन लेने चला जाता है और पार्वती बालों में लगाने के लिए फूल तोड़ने लगती है।

सत्रह

मरिया अपनी मेमसाहब को सुना रही है:

''हमसे सेठी मेमसाहब ने कहा, 'मरिया, हमको भी अपना माफिक आया ला दो।' हमने बोला, 'मेमसाहब, आया मिल जाएगा। एक्सिलेंट कुछ भी होएगा। घर का सारा देखभाल करेगा। पर कपड़ा नहीं धोएगा और साहब का दिल नहीं बहलाएगा। हम लोग ऐसा काम नहीं करता।''

''तब क्या कहा, सेठी मेमसाहब ने?'' मिसेज गुप्ता उत्सुकता से पूछती है।

''सेठी मेमसाहब बोला, ''ठीक है।' हम पूछा, 'पैसा कितना देगा?' तो वह पूछा, 'कितना लेगा?' हम बोला, 'खाना-कपड़ा' रहने का कमरा और सौ रुपया नगद'।''

''तब क्या बोला सेठी मेमसाहब ने?'' मिसेज गुप्ता फिर पूछती है।

''कुछ नहीं बोला सेठी मेमसाहब। चुपचाप लौट गया।'' मरिया कहती है।

''सब कमीने लोग हैं।'' मिसेज गुप्ता कहती है, ''न तौर न्र तरीका। न रहने का ढंग, न बातचीत का। बड़े आए आया रखने वाले। मरिया, तुझे मैंने कहा था न कि इस गली की औरतों से एकदम बात नहीं करनी है।''

''कहा था, मेमसाहब!''

''फिर क्यों की?''

''मेमसाहब!'' मरिया कहती है, ''वह अपने-आप हमसे बात किया। आगे से नहीं करेगा? मेमसाहब!''

''ठीक है।'' मिसेज गुप्ता अपने कुत्ते की जुराबें निट करने लगती है।

''मेमसाहब!'' मरिया फिर कहती है।

''हां।''

"आज शाम को टेलीविजन देखेगा न।?"

"हां।"

"मेमसाहब! हमारा पोस्टमैन भी देखना मांगता था। हम उसे आ जाने को बोला था।" मरिया कहती है।

"ठीक है। वह गली के बाहर का है।"

अठारह

"लाडो का क्या हाल है?" मिसेज सेठी पूछती है।

"ठीक है। आप देख लो। मुझे तो पता ही नहीं चलता।" गुणवंती कहती है, "सवेरे भाई साहब जो दवाई दे गए थे, वही दे रही हूं। आप लोग बहुत सेवा कर रहे हैं लाडो की। और एक वह है, पार्वती। कमीनी। मेरे पचीस रुपए चुराकर ले गई।"

"आप बीमार बच्चे के समान ऐसी बातें न करें......." मिसेज सेठी की तबीयत खराब होने लगती है।

"वह तो ठीक है।" गुणवंती? कहती है, "पर देखो कितना फरक है, शहर के लोगों में। मैं तो बहुत चिंतित थी। आपने सब ठीक कर दिया। अब भगतजी आ जाएं..... अब देखो तो भगतजी कहते हैं कि सरकारी कोठी मिलने वाली है। हम कोठी ले लेंगे। मैं कहती हूं, हमें कोठी का क्या करना है? वहां मैं कैसे रहूंगी अकेली? मुझे तो क्वाटर चाहिए, जहां आस-पास अपने जैसे भाई-बन्धु हों। एक आप हैं और एक जलोटा साहब। बड़े मिलनसार। नहीं तो सारा मुहल्ला कमीनों का है। आप जानती हैं....."

"क्या?" मिसेज सेठी पूछती हैं।

"मैंने तो रंडी भी इसी मुहल्ले में आकर पहली बार देखी । यह शर्मा वाला घर है न। इसमें पहले बहुत आती थीं। मैंने कभी कोई रंडी नहीं नहीं देखी थी। मैंने भगतजी से कहा, 'हैं जी, यह रंडी कैसी होती है?' वे बोले, 'किसी दिन दिखा देंगे।'

"एक दिन मैंने देखा एक कार आकर इस घर के सामने रुकी। मैंने झांककर देखा, उससे एक लड़की बैठी थी। गोरी-चिट्टी लड़की। साड़ी बांधे थी और दो चोटियां की हुई थी। भगतजी बोले, 'यह रंडी है।' मैं बोली, 'हैं। नहीं जी। यह तो एक लड़की है।' वे

बोले, 'रंडी भी तो लड़की ही होती है।' सच कहती हूं, बहनजी। मैंने जीवन में पहली बार वह रंडी देखी थी। या फिर यह देखी है पार्वती। यह भी कम नहीं है किसी से।''

उन्नीस

मीट बनकर तैयार हो गया है।

प्रभुदयाल राशन भी ले आया है। आटा भी पिसा लाया है।

''मम्मी, हमें मीट दो।''

''मम्मी, हमको रोटी दो।'' बच्चे चिल्ला रहे हैं।

''देती हूं मरो! यहां बैठ जाओ।''

पार्वती जमीन पर चटाई बिछा देती हैं।

बच्चे अपनी-अपनी थाली और कटोरी लेकर पंगत में बैठ जाते हैं। पार्वती सबको दो-दो रोटियां देती है और कटोरी में मीट डाल देती है।

''मम्मी, हमको एक बोटी कम मिली है।''

''मम्मी, हमको तरी चाहिए।''

''मम्मी, देखो इसने मेरी बोटी ले ली।''

''चुप करो, भुक्खड़ो! चुप रहो।''

पार्वती मीट की पतीला लेकर भीतर चली जाती है।

प्रभुदयाल मेज पर बैठा इंतजार कर रहा है।

''बच्चों को खेलने भेज दिया?'' प्रभुदयाल ओलम्पिक खेलों में भारत के खिलाड़ियों की विजय के लिए बहुत चिंतित है।

''खाना खा लें तो भेज देती हूं।'' पार्वती अपने नायलॉन की साड़ी में से पेटीकोट पर बना हुआ लाल फूल दिखाती है।

बीस

मिसेज खन्ना मिसेज शर्मा से मिलने आई है। वार्ता चौरासी वैष्णवन की।

''रात को खन्ना साहब की तबीयत खराब थी। हम रात-भर जागते रहे। खांसते रहे। रात-भर गुणवंती की बत्ती भी जलती रही.

....''

'हां, उसकी लाडो बीमार है।'' मिसेज शर्मा कहती है।

''अजी, सभी बीमार है।'' मिसेज खन्ना हंसते हुए कस्टर्ड का डकार लेती है और अपनी बांई आंख को ट्रैफिक की जलती-बुझती नारंगी बत्ती की तरह झपका देती है, ''जलती बत्ती को देखकर जलोटा साहब को भी नींद नहीं आई। रात को दो बजे लाडो का हाल पूछने गए थे।''

''रात को दो बजे!'' मिसेज शर्मा की आंखें रोलिंग शटर्स की तरह खट से खुल जाती हैं, ''नहीं, तुम मजाक कर रही हो।''

''अरे नहीं, तुम्हारी कसम!'' मिसेज खन्ना कहती है, ''सच कह रही हूं। जलोटा आधा घंटा वहां रहा। मैंने खन्ना साहब को भी दिखाया। नींद उन्हें भी नहीं आ रही थी। कहने लगे, 'लाओ, हम भी कुछ कर डालें।' और मुझे लगता है कि मैं फिर फंस गई हूं ....''

''बड़ी बुरी बात है।'' मिसेज शर्मा देश के पतन से बहुत दु:खी हैं, ''यह साली पार्वती को बदनाम करती थी, और खुद क्या है? सब सालियां कोने वाली कोठी के नौकर की बेटी और गुप्ता की आया मरिया जैसी होती जा रही हैं।''

''हमें क्या।'' मिसेज खन्ना वैरागिन मीरां के समान उदासीन हैं, ''खुद भुगतेंगी।''

''हां'' मिसेज शर्मा अचानक रोशनी पाकर फड़फड़ाते चमगादड़ के समान चौंकती है, ''तुमने कहा था तुम फिर फंस गई हो?''

''हां।'' मिसेज खन्ना के मुख पर लाल रंग का ईरानी कालीन बिछ जाता है।

''तुम्हारा क्या है, और थोड़ी देर हो, गाय हो। हर साल ब्याह जाती हो।''

मिसेज शर्मा की जीभ लाल तिकोन बन जाती है।

''तुम्हें क्यों चिढ़ लगती है!'' मिसेज शर्मा कहती है, ''सबके घरवाले शर्मा के समान रंडियों के पीछे थोड़े ही भागते हैं।''

इक्कीस

पार्वती मिसेज सेठी को डाक देने आई है।

''बहनजी! आपकी चिट्ठियां।''

''सब हमारी हैं क्या?'' मिसेज सेठी बात करने की औपचारिकता निभाती है।

''हां! आज तो सब आपकी हैं।'' पार्वती चुने हुए पुराने रिकार्ड सुनाती है, 'हमारी तो सोमवार और बृहस्पतिवार को ही आती है जर्मनी से। मैं तो बहुत पछता रही हूं बहनजी उनको भेजकर। क्या कहूं। अब तो जीवन में कोई रस ही नहीं रहा। भला तुम ही बताओ, हफ्ते में दो चिट्ठियों से क्या होता है। चिट्ठियों से सहारे कोई कब तक जीवन काटेगा।......''

पार्वती की आंखों से आंसुओं के साथ गीद बहने लगती है, ''आज सवेरे से तो मन बहुत ही उदास है। उनकी बहुत याद आ रही है। कल रात-भर मैं सो नहीं पाई। रोती रही। तकिया भिगो डाला। अब सोच रही हूं कि तकिया उधेडकर उसकी रूई धूप में सुखा डालूं, नहीं तो बदबू मारने लगेगी।''

मृतात्मा के शोक में क्षणभर चुप रहने के समान रुककर वह कहती है, ''वे यहां होते तो काहे को यह सब करना पड़ता। क्यों रोती मैं, क्यों मेरे बच्चे तरसते। आज तो घर में आटा भी नहीं था। भला हो प्रभुदयाल का। गरीब राशन भी ले आया और आटा भी पिसाकर दे गया, नहीं तो आज बच्चे भूखे ही रहते।

''वे यहां थे, तो हमारे पास अपना स्कूटर भी था न। स्कूटर पर टांग धरी और चल दिए। आनन-फानन सारे काम हो जाया करते थे। कोई तकलीफ ही नहीं थी। अब पता नहीं वे दिन कब आएंगे।

''अब तो जान की मुसीबत ही है। कल बैंक जाना था, काम होता है तो जाना पड़ता है। क्या भला-सा नाम है उसका। बस मैं उसी के पास सीधी चली गई। अरे वही, हमारी पुरानी किराएदारिन का भतीजा। उसी ने, भगवान भला करे उसका, मेरा सारा काम जल्दी-जल्दी करवा दिया। फिर बोला, 'चलिए, आपको चाय पिलाएं।' मैंने मना कर दिया तो बोला, 'तो कोका-कोला पी लीजिए।' पर पिलाई उसने, 'क्या भला-सा नाम है, गोल्ड स्पाट। उसने इतनी बार कहा तो फिर पीना ही पड़ा। अब उससे काम कराया था तो उसकी बात टाल तो नहीं सकती थी न। उसके साथ कितनी मुसीबत होती हे। बातें बनाने को सभी तैयार.......''

"और अब तो कितने ही दिनों से बच्चों के अंकल भी नहीं आए।" विरह के सारे दरिया पार्वती के हृदय-हिंद महासागर में गिरते हैं।

"दिल भी या रब कई दिए होते।" मिसेज सेठी गुनगुनाती है।

बाईस

भगतजी मंदिर में आ गए हैं ओर संत समागम हो रहा है। गुणवंती के चहकने की आज लाउडस्पीकर वाले कीर्तन के समान गली के बाहर सुनाई पड़ने लगी है।

सेठी लाडो का हाल पूछने जाता है।

भगतजी उसके स्वागत में 'कोएर मैट' के समान बिछ जाते हैं।

"अच्छा, सेठी साहब!" वे पूछते हैं, "आपने मुझे तार सिंगल दिया था या डबल? गुणवंती कह रही थी कि आपने डबल तार दिया था, और मुझे जो मिला, वह सिंगल ही था। एक रास्ते में झड़ गया लगता है।"

"बात यह है, भगतजी।" सेठी प्रार्थना करता है, "आपको सिंगल तार भी सवेरे ही मिलना था और डबल भी। मैंने सोचा, पैसे क्यों वेस्ट किए जाएं, इसलिए सिंगल तार दिया। ये बहुत घबराई हुई थीं, इसलिए इनको डबल बता दिया। वैसे इतनी घबराहट के मारे बहुत झूठ बोलना पड़ा। एक सौ चार बुखार को भी एक सौ ही बताता रहा।"

"तो इसका मतलब है, आप झूठे भी हैं?" गुणवंती दरवाजे के पीछे से अपनी लजीली मुस्कान थोक के हिसाब से डिस्पैच करती है।

"जी।" सेठी का चेहरा द्विवेदीकालीन गद्य बन जाता है।

"आपने बहुत काम किया।" भगतजी प्रार्थना में आंखें बंद कर लेते हैं।

"आप नहीं थे, इसलिए करना पड़ा।" सेठी कन्फैस करता है," अब आप आ गए हैं। इसलिए मैं नहीं करूंगा।"

"हा-हा-हा" भगतजी अनहद नाद करते हैं।

तेईस

शर्मा अभी-अभी हफ्ता भर बाहर रहकर लौटा है और उसके घर में सरकस के टैंट गड़ गए हैं। चीख-चिंघाड़ शुरू हो गई है। भीतर से कटखने कुत्तों के लड़ने का स्वर आ रहा है।

''मैं देखती हूं तुम कैसे ले जाते हो'' मिसेज शर्मा पंडित जवाहरलाल नेहरू के स्वर में चीन को चुनौती देती है।

''देखो और जी भरकर देखो।'' शर्मा कहता हे, ''और एक बात कान खोलकर सुन लो, यह घर मेरा है। यहां वही रहेगा, जिसे मैं चाहूंगा। तुम निकल जाओ यहां से, मैं तुम्हारी शक्ल नहीं देखना चाहता।''

''मेरी शक्ल नहीं देखना चाहते, जिसे तुम ब्याहकर लाए हो, जो तुम्हारे बच्चों की मां है!'' मिसेज शर्मा, शर्मा से भी एक फ्लोर ऊपर से बोलती है, ''और उस कुतिया के तलवे चाटोगे जो किसी दिन तुम्हारे मुंह पर पेशाब करके चली जाएगी।''

''चुप, हरामजादी!'' शर्मा के मुंह में पेशाब का स्वाद भर आता है।

''मैं आज ही ससुरजी को चिट्ठी लिखूंगी।'' मिसेज शर्मा पर संडास की दुर्गन्ध छोड़ती है।

''चिट्ठी क्यों लिखती है, खुद ही क्यों नहीं चली जाती उस खूसट के पास! उसकी जवानी पर भी काई जमे!''

शर्मा उसे घसीटता हुआ पिछले स्टोर में धकेल देता है और दरवाजे की कुंडी लगा देता है।

बच्चे दरवाजे के पास खड़े होकर उसकी दरार से अपनी सजेशन भीतर डालते हैं, ''मम्मी, तुम अपने ब्वाय फ्रैंड से डैडी की गर्ल फ्रैंड को क्यों नहीं पिटवातीं।''

शर्मा बाहर खड़े मजदूरों को बुला लाता है। वे लोग डाइनिंग रूम में से फ्रिज उठाकर बाहर खड़े टैम्पो में रखते हैं और चले जाते हैं।

शर्मा उनके पीछे अपने स्कूटर पर चलता है : चल चल रे नौजवान......

''और खा ले बर्फ। और मांग बर्फ के पैसे। कमीनी! कमजात!''

मिसेज खन्ना अपने गेट पर खड़ी-खड़ी मिसेज शर्मा के सोहाग गाती है।

चौबीस

''चिट्ठी ले लो, मरिया जी।'' डाकिया गुप्ता की आया को आवाज देता है।

''किसकी चिट्ठी है?'' मरिया पेरी की मिठाई जैसी मीठी आवाज में पूछती है।

''यह तो चिट्ठी पढ़कर ही बता सकता हूं।'' डाकिया मरिया के हाथ से चिट्ठी फिर बैरंग झपट में छीन लेता है।

''नहीं रहने दो।'' मरिया उसके कंधे पर हाथ रख, उसकी पकड़ पिघला लेती है और चिट्ठी वापस ले लेती है, ''पानी पियोगे?''

''पानी क्यों पिलाती हो मरियाजी?'' डाकिया अपनी आंखों में बड़े-बड़े मनीआर्डर भरकर कहता है।

''पियास बुझाने को।'' मरिया मुग्धा सी नायिका-सी भोली बन जाती है।

''हाय! प्यास ही तो बुझती नहीं।'' डाकिया सारे मनीआर्डर बैरंग लौटा देता है।

''ही-ही-ही।'' मरिया बड़ी फिच्च से हंसकर, अपनी छत पर खड़ी कोने की कोठी के नौकर की बेटी को मुंह चिढ़ा देती है, ''साली, अभी भी तेरे से मेरे आशिक ज्यादा हैं।''

''मरिया!'' मिसेज गुप्ता आवाज लगाती है।

''जी, मेमसाहब!'' मरिया भीतर चली जाती है।

''किससे बातें कर रही थी?'' मिसेज गुप्ता पूछती है।

''किसी से नहीं, मेमसाहब!'' मरिया कहती है, ''शर्मा साहब अपनी वाइफ को पीट रहा था, उसी का शोर था।''

''अच्छा, भीतर बैठ। नहीं तो शर्मा वह फ्रिज लाकर तेरे आंचल में डाल देगा। कैसे-कैसे कमीने लोग आ बसे हैं इस कॉलोनी में।''

पचीस

अंकलजी का स्कूटर पार्वती के घर के बाहर खड़ा है।

"तुम पैदल क्यों नही आ जाते?" पार्वती कहती है, "अपना इश्तहार बाहर छोड़कर आना बहुत जरूरी है?"

"अपना इश्तहार न लाऊं तो रात को ग्यारह बजे तेरी सेज से उठकर पैदल घर जाऊंगा?" अंकलजी को अपनी पैदल चलती बारात याद आती है।

"अच्छा बाबा!" पार्वती भारत सरकार के प्रोटेस्ट नोट की सख्ती के साथ कहती है, "तुम बाहर लिखकर बोर्ड लटका आओ कि आज मैं पार्वती के साथ सोऊंगा।"

"बोर्ड तुम लटकाओ" अंकलजी की आवाज चीनी प्रोटेस्ट के बराबर हो जाती है, "कि तुम चौकीदारों के साथ भी सोती हो। कोई भी हो, बस मर्द होना चाहिए।"

"बकवास मत करो!" पार्वती कहती है, "तुम्हें क्या हक है ऐसी बकवास करने का! नेम के पक्के हो तो जाओ अपनी औरत के पास सोओ। उसे पड़ोसियों के लिए छोड़कर मेरे पास क्या करने आते हो?"

"मैं तो तेरी देखभाल करने आता हूं।" अंकलजी कहते हैं, "तू मेरे दोस्त की पत्नी न होती तो मैं क्यों आता तेरे पास।"

दोस्त की घरवाली क्या इसलिए होती है?" पार्वती विरोधी दल के नेताओं के समान पूछती है।

"और क्या दोस्त की पत्नी रंडी बनने को छोड़ देने के लिए होती है। मैंने सोचा मैं तेरी जरूरत पूरी कर दूं ताकि तू सती बनी रहे, इधर-उधर न देखें।" अंकलजी मित्रता के लिए प्राण देने को प्रस्तुत हैं, "अब मुझे उसको जर्मनी में लिखना ही पड़ेगा कि तू यहां एकदम गली की कुतिया बन गई है।"

"अच्छा, जा फिर, चला जा। इसी स्कूटर पर बैठकर जर्मनी चला जा।' पार्वती भाप से भरे प्रेशर कुकर की तरह सिसक उठती है, "मैंने तुझे अपना सब कुछ दिया भड़ुवे। और अब तू मेरे पास बकवास करने आया है। मेरे चरित्र पर लॉछन लगाता है। जा, चला जा!"

अंकलजी कुरसी पर बैठकर बार-बार पहलू बदलने लगते हैं।

पार्वती अंकलजी को बैठा छोड़, मिसेज सेठी के पास चली जाती है, "बहनजी! मैं तो उन्हें जर्मनी भेजकर बहुत पछताई। देखो

न आज तो चिट्ठी भी नहीं आई। अब कोई चिट्ठी के बिना भी कैसे रहेगा......''

प्रेशर कुकर की भाप निकलने लगती है।

छब्बीस

मिसेज खन्ना मिसेज जलोटा के पास गई है।

''अब देखो न बहनजी।'' वह शिकायत करती है, ''इस कॉलोनी में लोग जाने कैसे हो गए हैं। कोई किसी से मिलना ही नहीं चाहता। उधर मिसेज गुप्ता हैं, मजाल है किसी से मिल जाए। अपने बच्चों तक को किसी के बच्चों के साथ खेलने नहीं देती मुई। नकचढ़ी। मिसेज शर्मा भी अपने घर के झगड़ों के मारे निकलती ही नहीं। एक यह और आ गई है मिसेज सेठी दिनभर घर में घुसी रहती है। घर-घुसी पता नहीं क्या करती रहती है दिनभर। वह सेठी भी जाता है और घंटे-भर में लौटकर आता है। घर में घुसे क्या किमियागिरी करते रहते हैं। एक बच्चा तक तो पैदा कर नहीं सके अभी तक.......''

''पता नहीं क्या करते हैं ये।'' मिसेज जलोटा अपना पूअर जनरल नॉलेज प्रदर्शित करती है, ''गुणवंती के पास बहुत जाता था सेठी।''

''जाता होगा...... उसके बेटे जैसा तो है।'' मिसेज खन्ना वितृष्णा से कहती है, ''मेरा तो खट्टे-खट्टे मुंड खाने को जी करता है।''

''मिसेज खन्ना! तुम फिर.......?'' मिसेज जलोटा की जिज्ञासा में लाल तिकोने की डांट है।

''हां।'' मिसेज खन्ना के मुख पर वीर प्रसविनी धरती का गर्व है। थोड़ी ही देर में वहां अरब देशों का आक्रोश आ जाता है, ''वह है न मिसेज शर्मा। वह कहती है, मै गाय हूं, हर साल ब्याही जाती हूं। अब कोई उससे पूछे, तेरी तेरे खसम से नहीं बनती तो और भी किसी के घर में खुशी न हो। और फिर क्या मेरे साथ ही है ये। वर्मा की बहू है, मिश्रा की बेटी है, जॉन की पत्नी है। मुझे तो लगता है कि अब सेठी की वाइफ भी''

''हां जी! हां जी! लगता तो मुझे भी है।'' मिसेज जलोटा देश की सम्मानित सरकार के समान अरब देशों की हां में हां मिलाती है।

सत्ताईस

''चोर कहीं की!'' गुणवंती का अर्चना-कार्यक्रम गली के सारे मकानों पर फहरा रहा है, ''महीना हो गया मेरे पचीस रुपए नहीं लौटाए तूने। कीड़े पड़ेंगे, मैं कहती हूं कीड़े......।''

''कीड़े पड़ेंगे तेरे।'' पार्वती भारतीय संस्कृति का भाष्य करती है, ''जो लोगों पर झूठी चोरी लगाती है। हम लाखों-हजारों में खेलने वाले तेरे पचीस रुपए चुराएंगे। कमीनी! बदजात! तूने जिन्दगी में पहली बार पैसा देखा है, हमने नहीं।''

''मीट बना मीट!'' गुणवंती का वौल्यूम ऊंचा हो जाता है, ''खसम को तेरे पता चले तो मुंह काला करके घर से निकाल दे।''

''मुझे निकाल भी दे, तो तुझे नहीं रखेगा।'' पार्वती की हंसी में ट्रक का टायर फटने की आवाज है।

''प्रभुदयाल फिर आया है शायद।'' मिसेज सेठी गुनगुनाती है।

''और भगतजी फिर टूर पर चले गए हैं शायद!'' सेठी अपनी किताब लेकर बाथरूम में चला जाता है।

❑❑❑